孩子与学校

〔日〕河合隼雄 著

王 俊 译

东方出版中心

目　录
Contents

Ⅰ　重新认识教育的价值

1. 教育中的"价值"

在对别人进行教育的时候,教育的内容必须具有某种价值,这可以说是一个必要条件。但是,实际进行教育时,价值的问题往往会引起困难的状况。

例如,如果有一个幼儿园把价值定位于让孩子自由自在地成长上,孩子的父母也许就会举出其他幼儿园教英语的例子,批评这家幼儿园什么也不教,这样根本就不行。

或者,也有这样的情况,拼命进行应试学习而考入有名的重点高中的高中生,觉得应试学习非常无聊,不愿意再去学校了。家长和教师想要进行说服,孩子却主张"我觉得就算考进好的大学,也不是什么有价值的事"。

上面举了两个例子,类似的情况还有很多。由于价值观和人生观的差异,会出现完全不同的意见。我觉得,这一点已经将日本教育的现状逼入了举步维艰的状况。因此,这里我们首先来探讨教育中的价值问题。

• 价值的一元性 •

价值的多元性这个词,最近常常听到。据说,随着生活方式的多样化,价值观也相应地多样化了,果真是这样吗?

思考一下教育的"实际情况",可以说全体日本人都感染了同一种价值观,那就是"成绩好的孩子厉害"。不是吗?家长只把孩子的分数和排名作为评价的对象。分数稍微高一点,或者排名稍微靠前一点,就是"好孩子"。教师即使没有家长那么赤裸裸,差不多也是这样。

归根结底,这种观点的背后,存在着认为毕业于"好的大学"、在"好的地方"就业就会得到幸福的想法。而遗憾的是,"好的大学"都被按照几乎相同的标准排名,这也是事实。不是按照孩子的个性来选择大学,而是按照成绩来选择合适的地方,是一种普遍的想法。

为什么会产生这种一元性,这一点稍后再谈。这里我们应该考虑一下,这种情况是如何严重地剥夺了孩子的"幸福"。父母嘴里说着希望孩子幸福,实际上却在满不在乎地亲手破坏它。教师在很大程度上也是同谋犯。

有位医生毕业于某一流大学的医学部,成为医生后不久却自杀未遂。他从小就有家庭教师——多的时候有五个之多——成绩总是名列前茅,并从被认为是"最好"的大学毕业。但是,一旦他作为医生开始工作,却怎么也搞不好与患者或护士之间的人际关系,因而感到悲观打算自杀。看到这种事例,我不由觉得,由于父母希望孩子幸福的心情被一元性价值观所束缚,结果只能是白费力气。

即使不把学习挂在嘴上,日本人也有着几乎完全一样的价值观,那就是"听话的好孩子"这种理想形象。简而言之,这就意味着完全按照家长或教师等长辈的指示去做。只要孩子做到这一点,就会一直被当作"好孩子"的模范,而在进入大学的时候,突然让他们以"自主的判断"来进行研究,是不可能做到的。有些孩子原本是优等生,进入大学后却马上受挫,其中就不乏这样的情况。这也可以说是一元性价值观的牺牲品。

对于日本人来说,多元性这一点究竟是被如何理解的呢?

• 多发性的问题 •

前面举出了陷入困境的孩子的事例,这里让我们再来更为详细地探讨一下在学校中多发性的问题。对于学校里的问题,大众往往有着注意力被新闻媒体报道的事件所吸引的倾向。就在我写这本书的时候,在针对拒绝上学的孩子进行指导的"风之子学园"中,有两个孩子被迫长时间待在酷暑中,没有水和食物,完全被置之不理,最后死亡了。由于这起事件,拒绝上学问题引起了人们的关注。但稍微往前回顾一下,在神户的高中曾经有过迟到女生被教师所关闭的校门压死的事件。此外,欺负同学现象也一直存在,问题层出不穷。

校内暴力的问题虽然没有之前一段时期那么严重了,但也并没有完全消失。甚至出现了教师由于孩子们的暴力而患上神经衰弱的例子。教师的暴力也仍然存在。关于这一点,家长有时反而持肯定的意见。在校门压死事件的背后,可以说也有暗暗肯定教师暴力的想法在作怪。

孩子的身心疾患也在增多。连小学生中也有人出现了胃溃疡症状。苦于过敏性皮炎的孩子也不在少数。孩子们完全暴露在精神压力之下。所谓身心疾患,往往不能非常简单地找出“原因”。如果很快就能在身体或心理上找出原因,也就不必特意称为身心疾患了。我觉得,这也显示了孩子们的问题有多么复杂。

在家庭中也会发生各种问题。家庭内暴力至今仍然是一个重大的问题。孩子会打父亲和母亲。正如大家都知道的那样,有时甚至会造成严重的伤亡事故。前面稍稍提到过“好孩子”的问题,在这些实施暴力的孩子中,有很多原本是“好孩子”,这一点也经常被指出。

也有一些家长不知道应该怎样在家庭中“教养”孩子。他们不知道要教些什么,教到什么程度。据说,有位家长来到学校,对校长说:“我们会让孩子在家好好学习的,希望您在学校让孩子多掌握一些教养。”这不是把家和学校搞反了吗,校长先生感到哭笑不得。但是,这样说的家长越来越多了。像这样一一列举起来，与孩子有关的问题，只会越来越多而不会减少。

•"问题"的把握方式•

这些的确是"问题"。但仔细一想，所谓"问题"，就是要求解决而被提出来的，问题的解决会带来很多益处。如果说人生没有"问题"，岂不就成了没有意义的人生？可以说，人甚至会自己制造或找出"问题"，在解决问题的过程中寻求意义。

我曾经说过，所谓"问题儿童"，其实是在向我们提出"问题"。不再上学的孩子，向家长和教师提出了很重大的"问题"。这问题甚至关系到"学校的现状是否需要改变"、"父亲对于和母亲结婚这件事怎么想"、"现代社会是不是有什么不对劲"等疑问。他们在要求我们作出"解答"。

教师向学生提出"问题"，学生如果回答不出就会被责骂。而面对学生提出的"问题"，大人不仅不解答，反而非难学生，这样也未免太自私了。我觉得，无论是家长还是教师，都有必要采取解决"问题"的姿态。而且，这不仅仅是采取什么"对策"的问题，而是像后文所述的那样，甚至关系到对自己的生活方式重新进行深入的思考。

2. "临床"的视角

在学校或家庭中，我们临床心理学家不断遇见很多所谓"问题儿童"的孩子们。我们曾经有过很多从中引出正面性的东西的经验，而不仅仅是把这些孩子变成"正常孩子"，也就是让他们从负面变成零。在此，一些新的建设发生了。

说起临床心理学或心理疗法，很多人的印象是让有病的人恢复为普通的状态，其实并非如此。通过负面而转变到正面的这种过程，也许可以说就是真正的"教育"本身。于是我想到，关于教育，其实可以通过"临床"的视角来探讨一下。

• 偷盗 •

有一位母亲来咨询。她有一个习惯，回到家里必定会打开信箱看看。有一天她打开信箱，发现里面有一支手枪，不由出了一身冷汗。定睛一看，原来是玩具枪，她总算松了一口气，但怎么也想不通这里怎么会有玩具枪。去问上小学三年级的儿子,一开始儿子迟迟不肯说,后来终于承认是自己偷了邻居孩子的玩具枪并藏在那里。

母亲马上带着儿子一起去归还玩具枪并道歉。她觉得,儿子做出了这种无法无天的事,而且就算要"藏起来",放在马上就会被发现的地方也非常令人费解,所以前来咨询。我把注意点放在了儿子把玩具枪放在"信箱"中这一点上。我问道:"如果说这是儿子写给妈妈的信,你觉得孩子想要传达一些什么意思呢?"

这位母亲看来是一个通情达理的人,她思考了片刻,然后说,自己过于重视"和平",从不给孩子买手枪之类的武器玩具。虽然别人都说这孩子是个老实听话的孩子,但也许他也开始想要玩同伴的男孩们所玩的游戏了。仔细想想,自己只有一个姐姐,对于男孩子究竟是怎样成长的,并没有切身的感受。她说,也许自己把老实听话当成了好事,反而抑制了儿子作为男孩子的成长。

由于孩子越来越少,三口之家越来越多,这样的情况经常会发生。因为母亲没有兄弟,对于男孩子的成长没有切身感受,往往会出这类问题。

•改变视角•

母亲反省着自己育儿的态度,她说:"因为我没有给他,所以他才不得不偷别人的东西。"这句话令我想起希腊神话里的普罗米修斯。因为诸神没有给人间火种,英雄的普罗米修斯就盗取了宙斯的火种。为此,他受到了严厉的惩罚,但人类却由此建立了新的文化。

偷盗是不好的行为,这是不容否认的。像这位母亲这样责骂孩子并要求孩子归还和道歉,也是必要的做法。但是,仅仅惩罚偷盗行为还是不够的。一方面要否定这种行为,另一方面还应该深究在这种行为背后所蕴含的"心灵"。我们必须认真地思考一下,孩子拼命地想要占为己有、甚至不惜做出偷盗行为的,究竟是什么东西。

这位母亲是一位有高度理解力的人。她领悟到了孩子的愿望,提高了对孩子游戏的宽容度。孩子的交友关系也改变了,动作也变得干脆利落了。为了懂得"和平",使用武器的游戏体验是必不可少的。通过自由的游戏,孩子能自主地学会很多东西。正如在这个例子中所显示的那样,偷盗这种负面行为,却产生了加深家长对孩子的理解、让孩子的活跃性得以提高的正面结果。

• 所谓"临床" •

临床心理学是 clinical psychology 的译词。clinical 这个词的词源是希腊语的 klinikos,意思是"床"。所谓"临床",原本是指在临死者的床边,是宗教性的用语。待在临死者的床边照顾其灵魂,这就是本来意义上的"临床"。说起来,这也是一项在死亡这种可悲的事实中找出超越死亡的闪光点的工作。

　　我们不妨把本来意义的"临床"这个词稍微扩大一下，试着用在教育的场合。我们躺在床上，并不仅仅是在临死之时，此外还有疾病或休息等情况。大家普遍认为，健康比疾病更有价值，工作比休息更有价值，在这样的情况下，我们却要在疾病和休息（以及更广义的游戏）中找出闪光点来。我希望我们可以带着这种价值观来重新看待教育。

　　所谓在死亡、疾病和游戏中找出价值所在，并不意味着相比之下它们更有价值。健康与工作无疑是有价值的。我是说，在承认这一点的基础上，并不全盘否定死亡、疾病和游戏，而是在其中找出闪光点，用这种动态的价值观来重新看待教育。拥有这种观察角度，就能发现关于教育的完全不一样的风景。

　　为了避免误解，我再强调一次，这并不是说要彻底颠覆价值观。而是在承认健康、工作以及活着的价值的基础上，为了防止一元性价值观的强加于人所引起的生命力的枯竭，增加生命的活力，不妨换一种态度，以相反的视角来看待事物。如果不好好把握这种动态，马上就会被绊倒在地。

• 疾病的意义 •

　　疾病是有意义的。当然毋庸置疑，健康比疾病好。但有时通过疾病可以拥有更深意义的体验。为了成长，人必须与外在世界有关联，在活跃于外在世界的同时，增加内在世界的丰富性。有时疾病会使外在的活动停止，让我们注意到内在世界的存在，促进内心的成熟。

孩子们也应该不时停下来观察自己的内心，或在内心的成熟过程中不时地伫立片刻。这种事往往发生在成长的转折点，在这个时候如果出乎意料地生病了，有时甚至反而更好。对于孩子来说，心灵与身体的界限还没有大人那么明确，因而在这一意义上的休息，我们不知道会表现为身体疾患、心理疾患还是身心疾患。

这也许是一种谬论，但以前的孩子还会以生病为契机，让大人有关注内心的机会，而现在，由于医学的发达，连生病也变得不那么容易了。我甚至觉得，也许正因为此，所以孩子们只好通过"拒绝上学"等方式来调节吧。关于这一点容后详谈，而在拒绝上学的孩子中，我常常感到这是一种"必要的闭门不出"。这在广义上也许是一种非常健康的反应。

在儿童文学的杰作中，有很多作品描写了以孩子的疾病为契机，由此产生深刻内在体验的经历。如果要在其中举出一本，那就是凯瑟琳·斯托尔（Catherine Storr）的《玛丽安的梦》（*Marianne Dreams*）。关于这本书，我曾在拙著《读幻想故事》中进行过详细论述，有兴趣的读者不妨参照一下。简而言之，少女玛丽安在生病期间，反复在梦中经历冒险，逐步

完成了与她的少女身份相应的内心成长。对于她而言,生病
的确是有意义的一件事。

• 游戏的重要性 •

学校的拉丁语是 ecole,原本有"空闲"的意思。与其说学
问这东西要在有闲的时候去研究,也许不如说只有有闲才能
产生出真正的学问。

在深层心理学中,有一种"创造性疾病(creative illness)"
和"创造性退化(creative regression)"的观点。关于疾病的意
义,我们已经谈到过,"创造性疾病"这种说法的依据是疾病
所引起的内心体验与创造活动相关联这一事实。所谓"创造
性退化",则是指这样的事实:从事创造活动的人,有时变得
像小孩一样,容易发呆或沉溺于空想中,但这时反而会有更
出色的创意或想法。

爱迪生在小时候曾被当成"懒虫",就明确体现了这一
点。他从小就进入了"创造游戏"的世界,而从外部来看,这
并不是"学习",从这一意义出发,他被当成了"懒虫"。

游戏疗法这种心理疗法,其核心就是自由的游戏。当原
本有很多问题的孩子在游戏疗法的作用下好转时,人们经常
会问"你进行了怎样的指导"或"你对他说了些什么"之类的
问题。看来大人们(尤其是被称为教育者的人们)似乎过于
喜欢所谓的指导和说教了。其实在自由的游戏中,孩子的创

造活动会显现,通过它,孩子们会自己得到治愈,自己成长下去。

在童年通过游戏养成的想象力,在成年之后进行创造活动时,也会作为其基础而发挥作用。而那些被迫一门心思"学习"、很少游戏的人,在成年之后也无法完成创造性的工作。

• 从死亡的角度展望 •

人生不仅应该从活着的角度,也有必要从死亡的角度观察。在本书的开头我举了一个医生自杀未遂的例子。也许对于这位医生的母亲来说,她的眼中只看到自己的儿子总是名列第一,不断前进并且出人头地,从来没有想过从"死亡"的角度来观察儿子。那么如果他真的自杀而死,他的母亲也许会后悔"真不该像那样老是逼着他学习",或者"早知道应该让他多干一些他喜欢的事"。

人必然会死亡。但是,这一点却往往被人遗忘。当然,谁都无法承受一天到晚考虑死亡,但还是应该试着把自己、把孩子当成正在不断走向死亡的事物来看一看。由此,大人对教育孩子的态度应该也会有所改变,至少那种贪心和焦躁的态度会有所缓和。

孩子们远比大人所想的更多地考虑死亡的问题。但是他们知道这件事和大人讨论也没用,所以一直保持着沉默而已。你知道吗,现在在孩子们中对"灵魂"的关心已经非常高涨了。尤其是女中学生和高中生的交谈,几乎都被这样的话题占据了。我觉得,这也可以理解为一种反抗,对于大人们懒于考虑生死问题的一种反抗。

作为教师的自己也会死去,而孩子们也总有一天会死去。在死后的世界相会时,能让孩子们对教师说,"您的教导让我受益匪浅,我非常感谢"的教育应该是怎样的呢? 有时候进行一下这样的想象倒也不错。日本取消了全国一次性高考统考,实施大学入学考试中心的考试,为了提高学生的分数,教师们也必须付出极大的努力,但是我觉得仅仅如此是不够的,还要尽力培养前述的想象力,这样才能体现教育真正的意义。

• 价值的多元化 •

要让教育更为宽松,为学生们真正的幸福着想,家长和教师应该有更为多样的价值观。在学校靠"分数"、在社会上靠"金钱",用这些数字整齐划一地进行排名,是无法判断孩子的价值的,而是应该用各种不同的尺度来衡量他们。

在这种时候,提出"临床"的视角,我认为还是有一定作用的。这样一来,我们就可以看到孩子们丰富多样的姿态,也会改变对他们的评价。眼看着拥有丰富可能性的孩子们,在大人们一元性价值观的祸害之下,逐渐被伤害下去,真的是让人不忍目睹。

我们作为"临床"的视角而探讨的内容，必须通过努力进行深化。学习很重要，游戏也很重要，这种简单的并列并没有什么意义。要追问自己"游戏是什么"、"游戏的本质是什么"，这才是我们必须采取的姿态。这样考虑的话，我们就会觉得，游戏的哲学、死亡的哲学和疾病的哲学也是必要的。事实上，荷兰的赫伊津哈①与法国的迦约瓦②等关于游戏的省察，可以帮助我们加深这一视角。要让教育变得更为丰富，我们必须借助这些帮助，不断锤炼临床的眼光。

---

① Johan Huizinga（1872～1945），荷兰语言学家、历史学家，著有《游戏的人》（*Homo Ludens*）。

② Roger Caillois（1913～1978），法国批评家、社会学家、哲学家，著有《游戏与人》（*Les jeux et les hommes*）。

3. 教育中的两个原理

• 父性原理与母性原理 •

要思考关于人的事情，有各种各样的原理。只用一个原理来进行说明，虽然是最简单易懂的，但说不定会不符合实际情况。正如我们已经说到过的那样，要用生与死、健康与疾病、工作与游戏等对立性的角度来看待事物，而不是仅仅偏向其中的一方，这对于教育来说是非常重要的。

在这里，我想特别提出的另一点就是我称之为父性原理和母性原理的两种对立的考虑问题的方式。这个名称在日本似乎总是会引起误解，但对欧美人一说他们就能明白。这是因为，这里所说的父性原理，如同我们后面还要讲到的那样，是在西方产生的，对日本人来说本来就不太容易理解。我认为这两个原理完全谈不上谁对谁错，而是各有长短。接下来我们来看一看它们分别是什么。

• 原理的混乱 •

假设有一位高中学生违反了校规。程度比较严重时，会在教职员会议上讨论怎么处罚。一方认为，既然做了坏事，进行处罚也自然是符合教育性的。另一方则提出，正因为这位学生是坏学生，教师更应该庇护他而不是进行处罚，只有包容一切才是符合教育性的。

前者是站在明确区分善恶的原理之上的，而后者则相比善恶的区分，更注重所有人被包容着成为一个整体的原理。我认为，不能简单地认定究竟哪种看法是正确的。

我所谓的父性原理和母性原理，一言以蔽之，父性以"分割"功能为主，母性以"包容"功能为主。父性对于善与恶、有能者与无能者、刚与柔等一切都加以明确的区分，而母性则总是把一切作为一个整体而包容。并不是说这两个原理谁对谁错，但一旦认定了其中一种原理，就会忍不住攻击另一种原理。

在刚才的事例中，处罚派可以攻击对方"过于宽松"、姿态不明确等等，而站在相反的立场上，又可以指责另一方的冷酷和排斥。有时还会互相指责对方不符合教育性或缺乏热情，其实并非如此，只是思考方式的基础不同而已。所依据的原理存在分歧，就算找到了妥协方案，如果先入为主地认定对方不符合教育性或根本就是错误的，对话还是无法成立。这种议论的混乱，在谈论教育之际我们经常可以看到。

上述情况已在其他书中讨论过,所以在这里只是在抛砖引玉的意义上稍微进行一下整理。

简而言之,与欧美相比日本是一个母性原理更为强大的国家,但随着国际交流的活跃以及欧美文化的引进,父性原理也在不断进入日本。基本上,人们在用头脑思考时——尤其是知识分子——接近于父性原理,而在实际行动或感情上,还是生活在母性原理之下。

	父 性 原 理	母 性 原 理
功能	分割	包容
目标	个人的确立 个人的成长	场的所属(托付) 场的平衡状态的维持
人际观	个人差别(能力差别)的肯定	绝对的平等感
排名	功能性排名	一元性排名
人际关系	契约关系	一体感(共生感)
交流	语言性	非语言性
变化	进步引起的变化	重生引起的变化
责任	个人的责任	场的责任
擅长	领导者	调整者
时间	直线性	圆环性

看了上表,应该就一目了然了,所以这里只是简单地说明一下。父性原理重视的是作为"分割"的最小单位的人的

"个体"。其目标是希求个体的确立和成长。与之相对,母性原理重视的则是包容一切的一个"场"——这么说也许还是非常暧昧不清——的平衡状态的维持。因此,个人不能进行强烈的自我主张,而是必须时刻考虑整体的平衡。关于这一点,有时会被误解为"极权主义",其实并非如此。并不是要个人为全体服务,而是"场"总是比"个体"先行。

在父性原理之下,承认个人差别也就是能力差别,所以竞争这件事就显得尤为重要。而在母性原理之下,则强调几乎可以说是绝对的平等感。但是,重要的是,如果以所有人的平等为前提,来建立某种组织,就只能用一元性的顺序来排名了。这种排名与能力无关,传统上是基于"长幼有序"的思想的。在现代日本,出于父性原理的能力差别的观点也掺杂进来之后,正如我们已经谈到过的那样,毫无道理的一元性排名,变成了以成绩为标准来进行了。

• 依据哪种原理来思考教育 •

两种原理不能简单地并存。由于这种想法的差异,在教育中不知道产生了多少"议论"。

有人主张不能给孩子按照从 1 到 5 来打分,应该全部给3 分,这就是出于强烈的母性原理。还有人强调,一定要通过入学考试甄选并培养好学生,否则会在国际竞争中失利,这是出于父性原理。的确,这两种观点都有一定的道理。但是,竞争原理与基于母性原理的一元排名论,不知何时结合在了一起,其影响波及小学时,就会如同我们说过的那样出现太多的问题。

日本虽说已经西化,但基本上仍然是母性原理在起作用。这当然也有好的一面,例如在作为整体的一体感的支撑下,日本人很少体会到欧美人那样强烈的孤独感。又如,即使能力低下也存在着会得到整体支撑的倾向,所以犯罪和不良行为比欧美发达国家要低得多。说到家庭暴力,日本和美国的程度也完全不可同日而语。

在母性原理强大的情况下,试图进行西方式的个体确立的人,就会遇到不小的困难。而对于试图进行创造性活动的人来说,因为有太多人"拉后腿",不得不付出更多辛劳。总之,想要与众不同,是极其困难的。这可以说是母性原理的短处所在。创造性高的人"流失到海外",也是因为这个原因。

我要说的就是以上这些。总之,父性原理和母性原理各有长短,谈不上孰优孰劣。问题的难点也就在这里。

• 父性的本质 •

在继续往下论述之前,我还想就父性原则再补充几句。这是因为很多人对此存在误解。很多人逐渐形成了在日本父性很弱的认识,这当然是不错的,但没有想到的是,竟然出现了这样一些人，他们主张"父性复权"，误以为军国主义时代的父亲是具有强大父性的人物，并推行这种思想。这完全是误解了这里所提到的父性原理。

事实上，曾经有一位对孩子言听计从的父亲，任凭孩子随心所欲地一再胡作非为却束手无策，却是在战争中获得了所谓的"金鵄勋章"①的"勇者"。这位男性拥有只要上边发出"号令"就奋不顾身去突击的勇气，在和儿子一对一的对决中却没有说出自己个人意见的勇气。而我所强调的父性原理，其实指的正是后者。

无论在什么事情上都有自己的主见，并能把它明确地表达出来，这种勇气完全不同于只要大家都在做自己也不惜牺牲性命的勇气。后一种行为是作为母性原理体现者的勇气，从父性原理的角度来说，只能说是非常胆怯的行为。

如果不搞清这一点，就会出于"父性复权"的打算，把繁琐的校规强加于学生，甚至为此不惜使用暴力。在日本，根本就不存在什么父性原理的复活。日本从来就不曾有过真正的父性原理，如果我们感到了它的必要性，我们必须有意识地把它理解为一种全新的获得。用蛮力来掩盖原理的孱弱，是一件愚蠢至极的事情。

————————

①　金鵄勋章，日本授予武功卓著的军人和军内文职人员的勋章，第二次世界大战后被废除。

• 深化原理 •

有两个原理，而且它们互不相容，那么该怎么办才好呢？我认为，对此，我们不是要认定其中一个原理是正确的并对其进行强化，而是应该考虑对原理进行深化。

举例来说，曾经有一所中学决定去东京进行修学旅行，结果有一个班级的学生突然提出了强烈的反对。他们的理由是，无法忍受自己的旅行却要听上面的指派、东京一点儿也不好玩、规定零用钱的上限真是岂有此理……诸如此类。

正如我们提到过的一样，日本的很多事情在相当程度上是按照母性原理来进行的。对此，年轻人感到强烈的反感，想要提出强有力的父性原理式的主张，也可以说是理所当然的。尽管如此，由于这是突发性的，不同于在父性原理的传统下发展起来的，在个人的责任以及与其他人之间的人际关系等问题上还不够完善，有点过火的性质。但班主任说，既然你们已经开始有这样的想法了，不妨彻底思考一下，老师就在一旁听着。

因为是中学生的意见，有时难免失了分寸。但班主任还是默默地听着，结果学生中出现了"也许应该稍微多为整个学校考虑一下"的意见。其中甚至有人建议去跟校长直接谈判。详细的过程这里就略去不谈，总之，校长也愿意配合班主任的想法，答应在合适的时机与学生会面。

就这样，学生们认识到，要主张并贯彻父性原理，必须承担非常重大的责任。学校方面原本下意识地根据母性原理，觉得只要"大家都一致"就可以了，现在也对这种轻率的想法进行了反省。于是，新的修学旅行的计划经过一番迂回曲折终于出炉了。

所谓深化原理，就是承认与自己所主张的原理对立的原理也是有意义的，并置身于两者的矛盾之中，不断地左右摇摆，尽量让自己所主张的原理与其他东西产生关联，让看待事物的视角变得更丰富。说得更形象些，就是把两个原理当成梯子两侧的扶手，一步一步地走下来。在这样不断深化的过程中，当双脚着地，感到可以把这里当成根基的时候，这个人的个性就形成了。

经过班级里每个人反复的讨论和动摇而决定下来的旅行计划，从中应该可以发现班级的个性所在，而在班级的个性中，应该反映了班主任和每个学生的个性。

• 教育的创造性 •

由于日本的母性原理太过强大而产生的一元性排名，其害处无论怎么强调也不过分。如果能真正地意识到每个人都是拥有个性的不同存在，所有的人都按照同样的标准进行排名的做法应该就无从想象。但是，在日本人中，有很多人是根据自己在这种场合的排名中处于什么位置，是部长还是科长，是第一课长还是第二课长，来保持自己的自我同一性的。

如果真正期待学生们个性的成长,教师、教育委员会的人,以及文部省①的官员,在一元排名式的自我同一性之外,应该有着基于个性的另外的自我同一性。没有这样的努力,口号喊得再大声也是没有意义的。

这里只是就父性原理和母性原理进行了讨论,但在思考人生的时候,应该有更多对立的原理。只不过,正如我们在讨论父性原理和母性原理的时候所说的那样,试图用一个原理、一种思想体系来说明所有的问题是根本不可能的。即使自己比较"偏爱"某一原理,也必须在与对立原理的矛盾中不断加深对它的体验。

这样想来,我们不由得觉得,教育的场所并不是由现有的价值来运营的,而是有着作为创造新价值的场所的意义。

---

①　日本主管教育、文化等的中央行政机构,2001 年并入文部科学省。

Ⅱ　大人与孩子的关系

1. "教"与"育"

•什么是教育•

教育这个词，可以分为"教"和"育"。耐人寻味的是，"育"这个字既有"培育"的意思，也有"发育成长"的意思。

教育这件事，有教育的一方，也有受教育的一方，从教育的一方来考虑，还是把重点放在自己去"教导"上面，其次才考虑"培育"，至于"成长"，因为这是本人的自发性行为，往往被认为与教育无关，甚至根本就不在考虑范围之内。

但是，如果深入思考一下教育这件事，我们就会发现，从根本上说，受教育方潜在的自我"成长"的力量也不容忽视。一直以来，谈到"教育"，人们往往都是从教育方的观点来发言，把重点放在怎样教导上，而另一方面，不要说"成长"了，就连"培育"也有被忽视的倾向。

从受教育方来思考教育，这被视为非常困难的一件事情。考察一下现有的教育理论，满目都是教师对学生单向进行作用的姿态,例如教师应该对学生做些什么、能够做些什么、应该如何做等等。但是,值得注意的是,木村素卫在战前就已经指出:"所谓教育,就是在他人的帮助下完成精神上的自觉性自我发展,从根本上说这是一个矛盾的概念。"(木村素卫《国家中的文化和教育》,岩波书店)

他所使用的"精神上的自觉性自我发展"这个哲学式的表达,与今天临床心理学家喜欢用的"自我实现倾向"这个用语,是不是可以理解为相当近似的说法呢?他认为教育"从根本上说是一个矛盾的概念",而我已经在其他地方多次讨论过,在心理治疗中经常存在着二律背反,和他的观点也有相通之处。我不由觉得,木村所说的"教育",为我们开辟了通往从心理临床角度来观察的教育的道路。

要作为现代社会的一员生存下去,人们必须掌握很多东西。要掌握大量的知识,以及作为社会人生活下去所必要的规范、维持人际关系的能力等。想到这一点,大人们不得不热心于去"教导"孩子。在教育中,以"教导"为中心,也可以说是理所当然的。

但是,这里需要反省的是,有些孩子对于一般的"教导"不感兴趣或者无法接受。而且,我们大人过分热衷于输入已有的知识体系,说不定会破坏每个孩子所拥有的个性。而这两者之间却有着出乎意料的关系。说得极端一点儿,可以说个性越强的孩子,就越难以接受输入已有知识的"教导"。

这时,教育中的"培育"和"成长"这两个侧面的重要性就显露出来了。我们不妨考虑一下,不是要输入知识,而是要"培育"孩子,使其可以自己获得知识;或者设法帮助孩子靠自己的力量"成长"。

不过,不要忘了木村素卫所说的"矛盾"的存在。心理临床的实际情况,与这种对于教育的考虑也有密切的关系。

在心理临床上,我们经常会接触到从一般的"教导"系统中脱离出来的孩子。一开始,我们也尝试教导这样的孩子一些"应该做的事",但在不断失败的过程中,我们发现,从根本上来说,与其急于"教导",反而是等待孩子"成长"要有效得多。而且,它的意义不仅仅在于有效,它还会促使我们作出反省,即使对于整个教育来说,我们也应该更多地认识到"成长"的重要性。

• "个性"需要什么 •

我曾指出,过分热心于输入每个人都应该知道的知识,可能会破坏孩子的个性。这一点今后我们从事教育的人一定要牢牢记住。不仅是知识,我们作为社会规范而深信不疑的,其实也应该有一些并不能说是绝对正确的。

最近 ①,苏联和东欧发生了一系列的剧变,在这些国家

---

①　本书写于 1992 年。

里,曾经认为是"正确的"某种规范不就发生了急剧的变化吗？即使不说外国的事情,日本第二次世界大战前后不是也经历了急剧的价值转换吗？考虑到这些,我们不由痛感到,对孩子的个性来说什么是必要的教育,这个问题很有必要进行深入的思考。

我举一个典型的例子。我曾见过很多活跃于现代社会不同领域的个性丰富的人,请他们讲述了他们的童年(《当你还是小孩子》,光村图书)。我在和京都大学的生物学家日高敏隆教授交谈时,他给我讲了一个在个性的培养上很有参考价值的关于小学老师的故事。

日高敏隆在小学三年级的时候,患上了今天所说的"拒绝上学症"。因为他对当时极端的军国主义教育产生了强烈的反感。他当时就很喜欢昆虫,但由于时代原因,他的父母认为"昆虫学能当饭吃吗",根本就不加理睬。在走投无路的情况下,他打算自杀,连刀子都买好了。

但有一天他的老师来家访,当着他父母的面指出:"你是不是打算自杀？"然后对他大吃一惊的父母说:"请让敏隆君学习昆虫学吧。"惊慌失措的父母马上答应了。少年因为能够学习昆虫学而欢呼雀跃,可老师却对他说,要学习昆虫学,语文和数学都必不可少,劝他回来上学,接着又说:"现在的学校不适合你。请换个学校。"说着告诉他一个学校的名字。原来,少年现在所在的学校由于极端军国主义的校长,采取了愚蠢的教育方针（却因此获得了文部大臣奖），老师为他在附近找到了一个情况不那么糟的小学。

于是日高马上转学并开始上学去了。他对昆虫学的兴趣不断地开花结果。而这与个性的发展有多大的关系，只要看看日高教授现在的大显身手就可以证明。对这位成为重大契机的老师，我们来思考一下他的行为的意义。

• 教师的判断 •

首先，他发现了少年日高打算自杀的想法，这一点非常了不起。以此为导火线，说服少年的父母让他去做"昆虫学"这件他喜欢的事，更是了不起。让孩子做喜欢做的事，个性就会由此而大放异彩。

其次令我钦佩的是，他判断在自己的学校教导少年是不合适的，为他找到了合适的学校。换句话说，就是任课教师放弃了自己去"教导"。这是因为他清楚地认识到，自己所在的学校不仅不能"培育"少年的个性，反而会破坏它。这是尤其难能可贵的。这位老师大约看穿了少年日高丰富的个性，但越是这样，往往会越是想要自己去"教导"，这也可以说是作为教师的一种秉性。

为慎重起见，我还要补充一句，这位教师的行为，在本质上完全不同于那些不愿意教不良少年而轻易劝他们转学的高中老师。

　　看到这位教师所采取的方法，也许有人会说这并不是"心理指导"，所谓心理指导，是要和本人一对一地在规定的时间和地点进行交谈，守护着本人令其靠自己的力量成长，而这里的做法却是过于以教师为中心的行动，所以不宜为之。面对这种指责，该怎么作答呢？

　　这里最重要的，并不是这位教师的所作所为能否算是"心理指导"，而应该是它在多大程度上有助于发展孩子的个性。即使当时有优秀的心理咨询师，并且遇到了少年日高，从发展少年的个性这一点来说，结果也不过如此。其实过程会有多种迂回曲折的可能，也许少年不依靠心理咨询师，自己也能说服父母，也许心理咨询师也发现了少年的自杀意图，意识到了其紧急性而去家访，直接与父母交谈，也不是不可能发生的。

　　作为心理咨询师，我在某些时候和场合也会进行家访等打破时间和地点限制的行为。但要问我是以什么为基准作出最好这样做的判断，我认为，在这种情况下要作出适当的判断，教育方也必须受过相当的训练。我们必须认识到，要进行发展孩子个性的教育，教师自己不可以抱着单一成规的方法不放手。

• 临床教育学的成立 •

　　一旦开始考虑孩子的个性，教育方就会遇到许多困难。

这里我引用教育基本法的第一条,它可以说是在考虑教育问题时的一个依据。

"教育以人格的完善为目标,必须为培养热爱真理和正义、尊重个人的价值、重视勤劳和责任、充满自主精神的身心健康的国民,使之成为和平国家和社会的构成者而进行。"

这句话应该不会有人反对吧。实在是说得太棒了。但是,我曾经和包括刚才提到过的日高教授在内的十个人会过面,他们都富有个性,在各自的领域中都活跃在第一线,当我请他们回顾一下自己的童年时,结果又是如何呢? 不愿上学、撒谎、自杀未遂、成天逃学看电影、偷盗等等,还可以继续列举下去,这些事情都发生在他们所讲述的童年。对此,我们怎么看也会产生与教育基本法的第一条格格不入的感觉。

是不是可以这么说呢? 教育基本法中写得很好,但教育毕竟是"为培养"这样的人而进行的。再说,这里提到的这些人,正因为在童年时有问题,接受了以实现基本法中所说的"培养"为目标的教育,才能有今天的成就。

或者,为了让个性更为丰富,是不是应该修改教育基本法的第一条,把它改为"为培养身心不健康的国民"呢? 木村素卫所指出的教育中的"根本矛盾",的确有着很深的根源。

教育必须有方向性,必须提出目标和理想。由此,人的行为就可以分为拥有正面价值的和拥有负面价值的。

但是,如果一味急于追求正面的价值,就会犯下大错。

这是因为,乍看上去似乎是负面价值的事物,有时却在个性的培养上有着很大的价值。不重视这一悖论,就无法实现真正的教育。

我在心理临床的实践中,早期的时候应该说也经常犯这样的错误,即使是现在,可以说依然受这种倾向的影响。

不愿上学的孩子变得愿意上学、偷盗的孩子变得不再偷盗、撒谎的孩子变得不再撒谎,这些都是好的。但如果仅仅以此为目标,并急于完成这样的目标,就会带来彻底的失败。我们就曾有过这样的经历。不是以把负面行为变为正面行为作为目标的"临床",而是要重新思考这个价值观本身,找出其中的本源和悖论所在。要做到这一点,教育学和临床心理学都必须从根本上进行反思,以孩子的实际行为和教师的实际状况为基础,展开符合现实的思考。

以上述的反省为基础,我在京都大学教育学部新开设了"教育临床学"讲座。这个讲座是在 1987 年开设的,时间还不长,但我觉得,由此可以在教育和临床心理中开辟新的领域,并且可以期待其意义的不断深化。

2. 教育的今天

• **现代教育的课题** •

　　教育是一个重大的课题,现在,大多数人都有了这样的认识。正因为此,临时教育审议会①——姑且先不论其成果如何——才有了存在的必要。不仅在日本,无论是在发达国家还是在发展中国家,即使课题的内容有所不同,但都认为"教育"极为重要,这个认识可以说是一个全世界的共识。

　　我们还是光从日本出发来思考一下这个问题。现代教育的课题给人以堆积如山的感觉,几乎让人不知道从何入手。这里我还是从一般人最为关注的国际化、个性的培养和终生教育这三点谈起。

　　国际化这一点经常被强调,在与其他国家的关系变得像现在这样紧密的情况下,这可以说是一个必然。而且,正如

①　临时教育审议会,日本 1984～1987 年设立的以教育改革为目标的临时机构。

在最近的《日美结构问题调整协议》①中所显示的那样,我们不得不越来越多地正面面对和对抗其他国家思考问题的方式,这让我们更进一步地痛感到国际化教育的必要性。

但是,教育中的国际化问题有着意想不到的困难。甚至可以说,所谓国际化,并不是"学习国外的情况",或者"与其他国家的人和睦相处"这么简单,而是有必要对日本教育的现状——或者不如说对日本人的生活方式本身——进行根本性的反省。真正理解文化不同的人们并与之相处,是非常不易的事情。

归国子女问题就非常明确地体现了这个问题。因为与后面的议论有关,这里我们就从《同一片蓝天——海外归国子女是现代的弃儿吗》(大泽周子著,文艺春秋社版)这本书中举出一个例子来探讨这个问题。

明良五岁至十五岁期间在美国生活,初中三年级的时候回到了日本。在上社会课的时候,老师谈到,日本的很多产品出口到了美国。明良就照着在美国上社会课时的做法,为了给课堂作出"贡献",提出:"不如我们全班同学一起讨论一下在美国是如何充斥着日本的产品的。"话音刚落,全班同学都惊呆了。但明良还是一个人拼命地讲了起来。最后老师

---

① 《日美结构问题调整协议》,是针对日美经济摩擦,于1990年7月达成的一项经济贸易协议。

说："美国的事情还是以后再谈,现在还是让我们回到课堂上吧。"这回轮到明良吃惊了。他所讲的内容,在美国是课堂的一个环节,其"贡献"还会得到老师的评价,而日本的老师却明确地说这是和"课堂"没有关系的。

后来,明良每次在上课时发言,都会得到同样的反应,终于忍不住问这是怎么回事。他得到的回答是"你的回答太离谱了"、"真是离题万里"。明良不由得主张道："每个人都有表达自己意见的权利,每个人都有在教室里安全学习的权利!"对此,任课老师说："你是在进行独立宣言吗？说这些话,是成不了日本学校的学生的。"实际上,明良后来遭遇了同班同学的暴力行为。

这明显是一场"文化战争"。也可以认为是刚才所说的父性原理和母性原理的对立。即使对方有不同的文化,在表面上的或礼节性的交往中,还是可以"和睦相处"的。但像明良和他的同学那样,在实际生活的场面中,当生活方式发生碰撞时,往往不是几句漂亮的场面话就可以解决的。今后的"国际化",应该也包括这个层次上的碰撞。不得不说,关于教育的国际化只有在这种情况之下考虑,才是最为重要的。

接下来我们来看看"个性的培养",此事也是说来容易做来难。日本的教育在培养个性和创造性这一点上落后于其他发达国家,这一点也经常为人们指出,它和前面讲过的事实也有一定的关系。可以说,这个问题不仅是"教育"的问题,更是日本人的意识形态、行动方式等根本性的问题。而且,并不能简单地得出日本人的方式是错误的、必须以欧美为榜样进行变革的结论,这更增加了解决问题的难度。

我想说的是,即使就教育这方面而言,要培养孩子的个性,离不开教育的"自由化"。但是,针对这种观点,也有人提出这样的忠告,说是其他国家才应该仿效日本,一旦日本引进了"自由化",教育水平就会降低[例如 David Howel,"There's No Reason to Rush with Educational Reform",*Japan Times*,61(1986),3,17]。日本孩子的数学和理科学力高于其他国家,这是一个众所周知的事实,而提出忠告的人认为,这是由于日本现有的教育方式而产生的,如果把它变成欧美式的,就会导致失败。这是在考虑日本的教育时不容忽视的一点。

接下来我来谈一下终生教育。终生教育是最理想的,对此大家都没有异议。无论年纪多大,一直都在吸收新的知识,不断取得进步,这是非常好的事情,但如果仅仅认为这样才是好的,终生教育就会出现问题。年老之后还在进步,听上去倒是非常动听,但实际情况是,年老之后会不断丧失很多能力,而且最后必然会死亡。把取得了与以前相比无论多小的进步都当作好的,这种单纯的教育观,是无法把"死亡"考虑进去的。

直截了当地说,在终生教育的视角中,如果没有"死亡",

有时甚至会是有害的。弄得不好，也许会在老人中——就像是现在的孩子们一样——形成一批"后进生"。如果光是从增加了多少知识或技能出发，不去考虑人的成熟究竟是什么，终生教育是非常危险的。换句话说，只有不仅考虑"怎样生活"，也考虑"怎样死亡"，才能称为终生教育。而"怎样死亡"这个课题，其实自从人诞生以来就一直伴随左右。

• 对教育进行重新思考 •

前面说过，教育这个词由"教"和"育"构成，在这里重复一遍，从"育"的角度来看待教育，其重要性值得反复强调。

关于这一点，可以想到的因素有很多，这里我就依次谈一谈。

首先，在现代社会中，作为社会人而独立之前必须吸收的知识非常多。而且，要想取得比别人哪怕稍微有利一点儿、高一点儿的地位，往往就必须学习。而家长在为自己的孩子考虑的时候，无论如何都希望自己的孩子能够取得社会的优越地位，结合前面的想法，家长就会用填鸭的方式来硬塞给孩子知识。也就是说，孩子很容易就早早暴露在这种填鸭式教育的危险之下。实际上，从幼儿园的阶段开始"教"英语等知识的地方，在家长中就大受欢迎，这一点不得不令人吃惊。

这种状态，说得直接一点，可以说是在培养孩子上的"破坏自然"。对孩子"自然成长"过程的干涉,实在是不胜枚举。如今的状况是孩子的数量减少了,经济上变得宽裕了,这种情况却进一步加剧了。有的小学生忙着补习或学艺,几乎每天放学之后的时间都被排满了,根本就没有时间玩。甚至有的中学生一个人就有五位家庭教师。

要尊重个性,必须等待个人所拥有的可能性逐渐显现出来。而试图使孩子有效地吸收更多的知识,反而会破坏个性。在为了让评价更为"客观"这个冠冕堂皇的理由之下,人们制定了带有"标准答案"的试题,而尽早针对这种题目进行训练,更是有着导致丧失个性的危险。

对于那些因此而被扭曲了"自然"的成长的孩子们,应该再次回到教育的原点,让孩子体验自己"成长"的好处,这在现代教育中正变得越来越有必要。只要思考一下就会发现,所谓"自然",本来是不需要任何人工的,但我们却不得不对此进行思考和安排,现代教育的难点可以说就在这里。

在对教育进行"研究"的时候,我们往往会觉得"科学的"研究是最理想的。人的不断学习的过程,以及不断成长发育的过程,在某种程度上可以客观地把握和研究。在此基础上找出有效的教学方法,设定发育的阶段,这样做在把孩子作为整体来理解并思考应该如何去教这一点上,是非常有效的。但重要的是,不能认为这就是一切。

作为集体来看,人的行为即使有一定的法则,但在关注单独的个人时,情况却多种多样。更进一步,关注每个人的思想和感情的话,这一点就显得更为重要了。忘了这一点,而试图把整体的法则——而且是非常笼统的——套用在单独的个人身上,也许就会剥夺这个人的个性,因此一定要多加小心。

前面说过,爱迪生曾被断定为懒虫,受到了后进生的待遇,而那么多的创造性人物无法适应学校教育,则体现了教师是何等的喜欢按照"整齐划一"的标准对待学生。这时,如果这种整齐划一的方法,以"科学的研究"为依据而提出,将会是非常可怕的。教育的科学性研究当然非常重要,但如何在实际场合中应用,还需要慎重考虑。

• 放任之害 •

过分强调孩子自发的"成长",而觉得对孩子只要放任不管就可以了,这种想法同样是错误的。这一点在家庭教育中尤为重要。期待孩子自然成长而对孩子自由放任,多数情况下往往是父母为了回避作为父母的责任而找的借口,孩子们马上就能看穿这一点。这时,孩子就会反复进行不良行为,或者向父母提出根本不可能做到的要求。正如一位少女对我所说的那样,"我都这么做了,他们却连生气也懒得为我生一下。"这种悲叹不断深化,问题行为也就会不断升级。

如果在这种情况下,父母还是一副尊重"孩子的自由"的姿态,继续回避责任,就会出现不可收拾的事态。虽然说孩子是自然成长的,但在一旁守护其成长的大人却是必不可少的。真正"守护"孩子成长,并不是在每件事上都去"教导"(这样的结果不过是变成了干涉)孩子,而是相当需要付出精力的一件事。

我曾指出"成长"的重要性,但只要思考一下就会发现,教育中包括"教"与"育",如果孩子完全靠自己"发育成长",岂不是意味着"教"是毫无意义的? 在教育中蕴含着的这个矛盾,其实就是教育的特征所在。也就是说,在谈论"育"的重要性的时候,仍然要承认"教"的必要性;而在谈论"教"的重要性的时候,则必须认识到为了使"教"成为可能,孩子已经"发育成长"这件事是必要的。不理清这个关系,教育论就会变成片面的东西。当然,因为说起"教育",人们往往把重点放在"教"上,所以我才在这里特别强调"育"的意义。

• 从学习方的视角出发 •

上面论述了应该从"成长"的角度而不是"教导"的角度来重新思考教育,接下来我们从"学习"这个角度来探讨一下。教育这件事,从学习方的视角来思考同样具有必要性。这一点在思考终生教育之际变得越来越重要起来。终生教育的重要性最近一再被强调,为此而举办"讲座"的机会也越来越多了。但这些讲座往往都是"教导"的一方所策划的,以"学习"的一方为中心考虑的姿态非常弱。

当所谓的"市民讲座"、"终生教育讲座"被推出的时候，说得难听一点，很多情况下所提供的东西，不过给人以学者的业余兴趣乃至残羹剩饭的感觉。的确，在走上社会之后，或者从公司退休以后，还想要学点东西，是很有意义的。结果就在被作为"××讲座"提供的这些东西中，随便挑一个自己喜欢的去学就可以了，这未免有些太过被动了。

终生教育不应该光是这样，而是必须更为积极地去"学习"。不单单是得到新的知识，最理想的情况是通过学习开拓新的领域。

例如，有一位中学教师，对于指导学生感到困惑。如果他并不是找别人请教指导学生的方法，而是作为切身体会到现代中学生的实际烦恼的人，打算自己去找出解决方案的话，那就不是去学习已有的知识，而是要在不断学习的过程中发现新的方法，并通过实行来确认其有效性。也就是说，不是要听一个星期或一个月的"讲座"，而是自己不断学习，找出其方向性和方法，在这一意义上，他是在进行作为"研究生"的"研究"。

这里只举了一个例子，此外，关心"脑死亡"的医生，可能会感到学习法律的必要性；研究文学的人，可能会想到要对计算机进行深入的研究。这不是为了获得知识，而是为了进行新的"研究"。因此，不是由谁来"教导"，而是要靠自己去掌握。

在大学向社会"开放"的情况下，迄今为止，往往都是向市民开放一般教养性的"讲座"。我觉得，应该超越这一层次，开放在大学进行"研究"的门户，因而，也许应该进一步开放研究生院，应该更认真地考虑建立研究生院夜校的事。只有从外部接收愿意自主学习的人，才是大学真正的开放。这是日本教育的重大课题。

请允许我自卖自夸一下，我所在的京都大学教育学部自从1987年以来，就招收社会人进入研究生院学习。在教育的现场获得的实际经验与大学内的研究有着密不可分的关系，通过这样的门户开放，大学内的研究也会有很大的进步。

在把日本的教育与其他发达国家进行比较时，很多人指出，相比初等和中等教育，大学和研究生教育要落后不少。从文部省的预算来看，高等教育的充实应该更进一步推进。此时，作为大学的一员，我觉得大学自治的原则就极其重要，值得坚守，而我们是不是进行了足以让我们为"自治"而感到自豪的努力呢？这一点需要我们好好地反省。

说到大学的自治，应该说，在迄今为止的历史中，大学一直抵抗着外来的压力，保卫着学问的自由，但是似乎过于注重"守势"，相对于主动出击来说，大学自治的关心度比较低。这让我们不得不反省，我们一方面自负地站在学问的最前沿，另一方面在体制上却在不断变得保守起来。在社会的变化显著而快速的今天，我们应该顺应这种变化作出逐步改变，并有必要重新考虑大学自治应该是怎样的。

• 个性与教育 •

所有从个性的尊重这个角度思考过教育这件事的人，应该都会强调它的重要性。但是，从我国的教育来看，这却是相当困难的问题。

我们可以看看大学入学考试（高考）这个例子。说到教育的"重新认识"，很多人会联想到高考的重新认识，高考制度就是这样反复被"重新认识"，因而每次都受到了包括媒体在内的各方面的批判。

确实，现在的考试制度过于残酷了。但是，无论把它改成何种制度，由于还是有这么多人考大学，而且考生还可以自由流动，如果所谓的一流大学不一举扩招两三倍的话，千军万马过独木桥的情况还是无法避免。这里有一个非常严重的问题，那就是比起制度本身来说，整个日本的人们都对大学和学科进行了详细的排名，虎视眈眈地想要进入排名靠前的地方，哪怕只靠前一点点。

大学有一定程度的差别，这在欧美也是不可避免的。但是，没有一个地方像日本这样，大学被如此细致地排名。作为大学的一员，我们首先应该反省的是，各大学都没有作为大学的个性。如果每所大学都拥有丰富的个性，那么就不能对它们进行一元性的排名，而且考生也会根据大学的个性与自己的个性之间的关系来选择大学,因而不会出现所有人都想去同一所大学的情况,升学竞争应该也会有所缓解。

但是,如果允许我在这里为大学稍微辩解两句的话,日本人喜欢一元性排名的倾向实在是太强烈了,即使大学方面体现出了一定的个性差异,他们也不会注意到。

• 日本人与个性 •

在这里展开"日本人论",似乎有点不合时宜,但一旦开始思考"个性"这个话题,无论如何也要对日本人的特性进行一番探讨。简而言之,欧美人在近代理性主义支撑下的自我确立,日本人至今还不能完全做到。

欧美的"个人主义",在日本是不被接受的。正如前面所讲到的,在日本特有的排名性的作用中,掺杂了欧美的关于能力差别的想法之后,不是变得承认了个人能力的多样性和个别性,而是给能力进行一元性的排名。

家长对待孩子也是一样,不是根据孩子的个性决定今后的出路,而是只关注所报考的学校存在于一元性排名中的哪个等级,希望孩子尽可能地进入排名较高的地方,因而升学竞争变得越来越激烈。高中老师也拘囿于这种想法,在进行升学指导时,会说:"你这个成绩上教育系的话太可惜了,请改成医学系。"也就是说,根本无视本人的个性与希望,只想把学生送进排名尽可能高的地方——一般人这么认为的地方。

　　过去，由于经济条件，很多人只能选择走读范围内的大学，所以优秀的学生在一定程度上还是比较分散的，而现在这种倾向越来越弱化，整个日本的大学排名倾向越来越显著，就像我们现在所看到的这样，问题变得越来越严重了。只要日本人的这种倾向不出现变化，想要通过制度的改革来缓和高考的升学竞争，是极其困难的。

　　如果要批判个人主义没有得到发展的日本教育现状，我们可以说出很多来。但是，正如我们不能因为最近经济的发展而一味鼓吹本国一样，对于日本的教育，我们也不能一味批判。日本人的自我意识的现状，如同我们已经指出的一样，属于母性原理更占优势一些，所以相对于一个挺立的自我形成而言，往往更多地作为向他人开放的形式而形成的。这正是所谓的各有长短，不可简单地断定孰优孰劣。

　　我们可以思考一下刚刚举出的归国中学生的例子。这位中学生想要发表"自己的意见"。仅仅因为这个原因而引起了大家吃惊的反应。这意味着他树立了自己的形象，脱离了整体，这种情形被同班同学称为"离谱"，因此他的发言被阻止了。

　　这里，每个人首先都会想到的一点是，日本人的这种素质，会显著阻碍"个性"的发展。只有每个独立的人都能发表

"自己的意见"，个性才会得到发展。如果在这个过程中，失去了"自己的意见"，只关注别人的事情，那么"个性"也就会消失了。

　　坚决主张这种观点的人，就会数落日本人个性软弱、创造性低。的确，这让我们联想到在发达国家中，日本获得诺贝尔奖的人比较少，日本人的创造性之低经常被指出。但是，事实的确如此吗？我们有必要深入思考一下。

• 什么是"个性化" •

　　美国人的确会清楚地表明自己的意见。我到美国的学校去，看到大学生不断发言和提问，感到非常钦佩。但是，可以轻易地将其称为"有个性的"吗？因为个人主义发达，他们经常进行个人（individual）的发言，但可以轻易地认定这些发言每一句都是独特的吗？

　　如果说，每个人都在说着同样的意见，一致性（conformity）出乎意料地高，结果不过是众口一词的话，个人的确立也就不能轻易地与个性的发展画上等号。实际上，我们考察美国人的生活方式，在明确表达个人意见上他们当然比日本人强，但是似乎并不能由此很快得出他们比日本人更有个性的结论。

　　无论自我意识的情况如何，日本人是日本人的个性和创造性，美国人是美国人的个性和创造性，要绝对区分两者是非常困难的。如果把这一点联系到教育上来说，采取不同于集体一般倾向的生活方式,无论在哪个社会都会遇到阻力,教育者采取宽容的态度容许和促进受教育者个性化的表达,可以想象其难度究竟有多大。

这样来思考的话,就考试题目来说,对尽早找出"正确"答案进行训练,尽管是"正确"的做法,有时却会妨碍个性的发展。在解题之际,要进行重重摸索,而也许正是在错误的看法中,反而可以找到个性的萌芽。不是要性急地找出正确答案,而是要在这样的错误答案中找出价值,这种方法在教育上也是非常有必要的。

由大学入学考试中心出题的考试,在能够更有效地从为数众多的考生中进行选拔这一点上,是相当有权威的,但是这种形式如果在决定高中生平时学习方式的方向上过多发挥作用,就会阻碍学生个性化的生活方式和思考方式。在这一点上,各个大学已经开始进行探索反映自身个性的入学考试试题和方法的努力,这个进步是非常可喜的。

让我们回到欧美与日本的个性问题上来。在个性与创造性上,恐怕两者并没有多大差别。说到创造性,应该不只是在自然科学领域,在艺术、宗教等文化领域也会得到发挥,只要看看日本文化迄今的发展,应该说日本人的创造性得到了很大的发挥。只不过,就自然科学来说,由于它本来就是在西方近代的自我确立的基础上发展起来的,日本人要突然在这方面发挥创造性,也许还是有点力不从心。

要在童年时期确立成为自然科学发展基础的近代自我，这在日本人中有相当难度，前面举出的归国子女的例子就显示了这一点。注意到这一点的人，会认为日本人中创造性高的人不断流失到了海外。事实上，当日本的"学会"拥有强烈的日本式集团构造时，就会产生年轻人不能自由发言、有能力的人被很多人拉后腿等现象。

在日本，如前所述，出于母性原理的绝对平等非常强大，即使有特定能力的人得到了相应的待遇，有时也会受到基于日本固有逻辑的反对，这种反对被表达为"不符合民主性"。为此，有创造性的个人就被剥夺了施展拳脚的场所。在思考今后日本的教育和研究的状态时，这是必须深刻反省的一点。

但是，问题并不是这么简单。因为，我们正逐渐意识到，近代自我已经快要到了穷途末路，在人的自我意识上，现在也已经到了转换期。那么，日本的教育即使想要步西方的后尘，改变为确立近代自我的教育，也会立即过时。我们必须探索一种超越近代自我的模式。日本的教育，既不能以西方为模板，也不能墨守日本传统的方法，要找出其"个性"所在，究竟应该如何去做，确实令我们左右为难。

• 作为创造活动的教育 •

即使从自然科学的领域来看，也可以认为，找出超越传统自然科学模式的方向，正在成为新的课题，这样一来，在西方式的自我存在之外，东方式的意识也是具有积极意义的。举例来说，日本灵长类研究小组的今西锦司等人的工作，在这一点上，就是充分发挥了日本人长处的研究（参照拙著《宗教与科学的接点》，岩波书店）。

这个小组的特征，按照有些人的揶揄，可以总结为"人情比纸薄，团结比铁硬"。的确，这个小组非常团结，在这种信赖感的基础上，小组取得了丰硕的研究成果，而所谓的"人情比纸薄"，则是指小组里的所有成员，包括今西锦司等领导者在内，都会进行毫不留情的互相批评。不仅是在小组之内的私下场合，在公开发表的场合也是一样毫不客气地进行正面论战。这成了这个小组活力的源泉之一，在这一点上，它与一般的日本式母性集团有所不同。

为了显示自己的集团是好的集团，人们常用"家庭式"这个词汇来表达。一个班级就会说全体同学都是家庭成员。这是为了显示所有成员的亲密而使用的表达，但它如果意味着由于是"家庭式"的，集团中的成员必须压抑自己真正想说的话，那就是一个很大的问题。当集团的领导者自诩为"家庭式集团"的时候，很多成员却对表达的不自由感到不满，这样的情形在日本倒是不在少数。

在这一点上，今西小组的所谓"人情比纸薄"，正好克服了上述意义上的日本式集团的缺点。但这并不意味着小组的成员都是西方式的。对这种方法论的考察，这里就不详谈了，但是相比之下，可以说这项研究是发挥了日本人的特性而进行的。小组的这种特色不能简单地归入日本式或西方式的范围内，正是因为有了这种非同一般的特性，才会产生刚才所说的那种揶揄式的表达，它的活力甚至会成为创造活动的源泉。

建立一个单纯的模型或标准并依照它来进行教育，这样的时代正在成为过去。现在的教育，难点就在这里。如果根据某个特定的原理或意识形态来裁夺，也许是可以对现在教育的各种状况进行明确的判断或批判。但是，即使采用这样的立场，换一个立场的话又会成为批判的对象。在这种情况下，主张自己的立场"非常科学"因而绝对正确的做法，已经落后于时代了。我们必须抛弃总是存在唯一的真理这种单纯的确信。

• 思考的道德 •

有些人模模糊糊地感到了这一点，从而对教育感到虚无，或者丧失自信。在教育的现场最为明显地体现这一点的，就是道德教育。如果一个人认为世上并不存在一成不变的唯一道德，或者认为道德是不能强加于人的，那么他对道德教育就会无论如何也热心不起来，或者持否定态度。但这样真的可以吗？另一方面，有些人认为，因为教师们在道德教育上怠工，现代的"颓废"才会出现，于是主张道德教育的复兴。但是，这些人大多数只考虑旧体制的维持，他们都是旧体制内的寄生虫。

不是这种道德，而是思考人类应该如何生活下去的道德，即使在现在——或者不如说正是在现在——也是非常必要的。但是，如果说绝对的规范并不明确，道德又应该怎样来教导呢？

关于这一点，有一位高中老师说了这样一个很有参考价值的故事。这位老师读了我就归国子女问题所发表的议论，知道了关于已经介绍过的归国子女的图书，就在班上朗读了其中的事例并让大家讨论。高中生们听到与自己年龄相仿的学生的真实体验，感到非常理解。同时，他们本以为自己已经充分地西化，现在发觉并非如此，觉得有些吃惊。本来觉得"谁都有表达自己意见的权利"是理所当然的，现在发觉自己也会在不知不觉中作出妨碍它的行为。他们对此进行了热烈的讨论。

这时他们所讨论的，不单单是归国子女和本国成长的孩子谁更正确，更重要的是，他们发现自己原本习以为常的生活方式，换一个角度来看的话，就会变得完全不同。"表达自己意见的权利"这样的事，他们本以为已经懂得了，现在却开始反省自己是不是真正懂得了这一点。在这个过程中，他们学会了掌握自己去思考应该怎么做的能力。也许只有这样的课堂,才可以称为道德的课堂。

他们不是简单地对"每个人都有表达自己意见的权利"这句话回答一声"好的,我们明白了"就完结了,而是切实地感受到这样的事情真正实行起来非常困难,并且意识到自己也很容易成为扼杀他人意见的一员。

在道德的课堂上,不单单是要学习一成不变的东西,这里的课题是自己去烦恼、自己去思考。这样的话,也许每个孩子都会提出不同的意见。我们的教育有必要就这些进行更深入的思考。要进行这样的教学,教师也必须总是思考一些新的东西。也就是说,在教育的现场,无论是对老师来说还是对学生来说,都是创造活动的场所。

• 创造活动的意义 •

像道德这样的内容,根据不同的想法可以探索多种多样的道路,那么,像汉字或算术这样答案非常明确的内容,也能进行创造性的教育吗? 作为这种情况下的例子,电影导演羽仁进先生谈到了一段耐人寻味的经历(羽仁进《二加二不等于四》,筑摩书房)。

他回忆了自己接受幼儿园入园考试时的往事,当时,面试的人拿出两个丘比特娃娃,一大一小,问这两个娃娃有什么不同。本来只要回答其中一个大一些就可以了,但小羽仁觉得,既然大人特意提出这个问题,一定有什么深意。他觉得，虽然外表是一样的，但里面肯定有所不同，于是回答道，不把娃娃拆开来就不知道有什么不同。就这样，智力检查的结果，小羽仁被判定为智力迟滞，不能上幼儿园。

当存在"标准答案"的时候，只用正误来判断孩子的回答，就会漏掉非常重要的东西。正如小羽仁的例子所示，在错误的回答中，隐藏着丰富的趣味。如果着眼于这一点，即使所教的内容答案是明确的，也能成为创造性的教育活动。

要发展孩子的个性，进行创造性的教育，最好实行小班化教学，这一点大家应该都没有异议。与其他发达国家相比，日本一个班级的学生数太多了。最近比以前少了一些，也还是有四十人之多，这个数字应该进一步减少，控制在三十人以内。今后孩子的数量有减少的倾向，我们应该抓住这个好机会实施起来。此外，规模庞大的小学和中学，也应该分割开来。校长能记住全校学生的名字，这种程度是最理想的。全校最多可以有五百人。超过这个数字的话，校长就会成为仅仅作为管理者的存在。这样是不可能进行真正的教育活动的。

在发展个性、进行创造性活动时，也必须考虑可能出现的危险。以修学旅行为例，是把重点放在让教师尽可能容易监督上还是尽可能地尊重学生的自由，在这种情况下，如果重视后者，当然就会产生一定程度的危险性。

即使发生危险也没有办法，这样的态度当然不行，但是当教师尽力向着发展学生个性的方向努力时,一旦发生了事故,负责教育行政的人应该尽力保护这位教师,并且对大众进行可以接受的说明。不过,负责行政的人总是过分关注把危险减到最小,并加强这方面的管理。教育行政本来应该为了让教育成为更有创造性的活动而努力提供保护,现在却向着阻碍它的方向发展,这一点也需要我们深刻的反省。

所谓创造性活动,是不允许标准答案的,在这一意义上,它是需要成本的。但是为将来着想,在教育上支付一些成本也是有必要的。一个国家注重文化遗产,留下很多"东西"是重要的,但更重要的是"人"。考虑到这一点,我们应该更为认真地思考一下,既然是经济大国,应该把相应的预算使用在教育上。

3. "女性的眼光"、"男性的眼光"

• 在教育环境中 •

关于幼儿教育,我们不妨从临床心理学的角度思考一下。这里举出具体的例子来探讨一下,在幼儿园或托儿所中教师或保育员对待幼儿的情况。在实际的教育现场,这些是每天都会发生的各种各样的问题。

例如,我们可以探讨一下在教育现场经常造成困扰的缄默症案例。在孩子刚入园的时候,几乎每次都必定有那么两三个孩子一言不发。但是,只要不慌不忙地逐渐接触这些孩子,随着他们逐步适应入园生活,他们慢慢也会开口。因此,一开始对这种情况谁也不会太担心,但如果两三个月后孩子还是不开口,教师也会感到担心。和家人一联系,家人却说孩子在家话很多,让教师感到奇怪。一般来说,在缄默症中大多数是选择性缄默症,例如在家庭内开口,在家庭外则不愿开口,或者在幼儿园等处一言不发。

　　假设在这种情况下,老师为了更"科学地"了解这个孩子的情况,进行了某种测试。即使不开口,动作性的测试也没有问题。经过发育情况检查,结果出乎意料的低,发育指数勉强达到了六十。看到这个数字,老师也非常失望。原来不仅是缄默,竟然还有发育迟滞。老师决定不勉强这个孩子,先看看情况再说。不能勉强让不开口的孩子在大家面前说话,否则只会给孩子带来心灵的伤害。在让孩子们依次发言的时候,也有意跳过这个孩子。

　　老师知道,要好好对待孩子,对孩子进行仔细观察是很重要的,因此决定在游戏等时间特别对这个孩子进行观察。这样一来,老师发现孩子总是喜欢离开大家,一个人发呆。老师觉得,像这样没有交往能力,发育又迟滞,恐怕一年内都不会开口了。事实上,正如这位老师所预料的那样,这个孩子就这样一语未发地升入了大班。

• 客观观察的问题点 •

　　自然科学始于对自然现象的观察。仔细观察自然现象,就会发现其中蕴含着一定的规律,从某个原因出发,遵循这种规律,就会产生一定的结果。在对某种物体施加力量时,如果知道这种物体会在怎样的状况中运动,例如在空气中飞行,就可以准确预测物体的运动。物理学的体系就是这样形成的,问题是这种想法是否可以直接套用在人的身上。

我们来思考一下刚才的例子。老师对孩子进行了仔细的观察，甚至进行了测试。结果发现孩子与伙伴的交际极其困难，而且还有发育迟滞。从这些条件判断，老师预料孩子在一年内大约也不会开口，而且一年后也证实了老师的判断是正确的。如果对象是"物"的话，老师的态度可以说是正确的。但是，如果我们想到对象是活生生的人，而且老师也是活生生的人，就会明白，这件事恐怕不能那么简单地肯定。

这是为什么呢？最重要的一点是，老师自身的态度和"判断"本身，会影响孩子后来的行为。在老师打算"观察"的时候，孩子感到老师那过于客观的冷冷目光，即使想要更自由地行动，也会由于畏缩而无法做到。而在发育测试中，也许在老师过分严厉的态度的压抑下，这孩子没能充分发挥出平素的能力。而老师决定不勉强这个孩子，就算不是一件坏事，但结果只是等于放弃了这个孩子，而当孩子感到老师"放弃"了自己，后来不会有进步，也就是理所当然的了。

也就是说，老师进行了"科学的"预测，并认为这个预测是正确的，而这种"科学性"却非常值得怀疑。

• 作为创造过程的孩子 •

我说过，以物为对象和以人为对象是不同的。那么差别在哪里呢？首先，对象不是一成不变的，孩子自身就是创造的过程本身。我们思考一下，就算要对这孩子进行测试，找临床心理专家的话，还会慎重一点。在连入园都还没有习惯的时候，就由老师来直接进行测试，难道不会给今后带来不好的影响吗？当然，我并不是在说测试"总是"不好的。

事实上，我就知道缄默症的孩子在测试的时候开口了的例子。但这时测试者采用的不是调查的态度，而是想要找到一些头绪、想要发现一些优点的态度。这时，在测试者态度的支持下，由于发育测试这个课题的提出，这个孩子终于能够开口了。

即使进行动作性测试，也不能仅仅依靠结果所得出的指数，而是要详细了解孩子是以什么态度面对测试的，以及在测试中有没有特别关心的事情等。观察总是非常必要的。但是，观察的眼光却不可以是冰冷的。

孩子就是创造过程本身。只要大人对孩子抱有期望，不进行胡乱干涉，创造过程就会向前发展。作为这种情况的例子，我想讲一个已经发表过的例子，是从一位老师那里听来的、关于一个缄默症孩子的动人故事。

老师在仔细观察一个缄默症孩子的过程中，发现这个孩子很喜欢小动物。温暖的观察目光，不会放过任何一个创造的萌芽。于是老师在班级里放了一个水槽，养了一些鱼，并且指定这个孩子特别负责其中一只小乌龟的饲养。老师没有勉强这个孩子开口，这一点和刚才的例子中的情形一样。但是，这位老师并没有放弃这个孩子，还是给这个孩子分配了他能够完成的工作。

　　孩子非常重视这只小乌龟。其他的孩子大约也觉察到了老师的苦心，都把这只乌龟当成班级的吉祥物一样对待。但是有一天，乌龟突然不见了。老师和孩子们四处寻找，却怎么也找不到。这时，这个孩子紧紧地抱着老师大声哭道："我的乌龟不见了！"老师和同学们也很难过，但是，以此为契机，这个孩子开始和大家讲话了①。

　　这是一件谁也没有预料到的事。在创造的过程中，经常会发生难以预料的事。只有在具备发挥它的条件的情况下，才会变成创造性的。在这种情况下也是如此，如果没有老师和同学温暖的支持，乌龟的失踪也许反而会引起悲剧。再画蛇添足地补充一句，就像这里失去乌龟的悲伤一样，在创造过程中，在得到什么的同时，往往伴随着失去或放弃什么的悲伤。

　　总之，这里我想要强调的是，作为有生命的东西，我们对孩子的态度本身会对后来的现象带来影响，我们自己也成了现象的一部分。这时，体验到这种现象的老师自己，应该也会感到自己作为教师的成长。创造过程的发生，本来就是相互性的。

　　我还要补充一句，有时，即使用温暖的目光观察着孩子，

---

　　①　此处故事与《孩子的宇宙》一书中的表述有出入，原文如此。

如果只是相信孩子的成长而努力,可能也不会有什么作用。例如,勉强要求缄默的孩子开口,也许会适得其反。老师发现这个孩子喜欢小动物,并耐心等待合适时机的到来,这其中老师准确的观察力和判断力起到了很大的作用。即使充满热情和爱,但如果只是被一味地表现出来,反而会有害,这一点我们通过众多的经验早已知道。

• "男性的眼光"、"女性的眼光" •

在前面所举的例子中,当我们为孩子的创造过程而欣喜时,如果有人说"这不过是巧合而已",又该怎么回答呢? 或者,如果有人说,这种情况不过是养了乌龟才成功的,但是对于缄默的孩子,并不是只要让他们养乌龟就可以成功,因此这个故事根本就没有什么参考价值,我们又该怎么回答呢? 这是一个非常重要的问题。尤其是在我们想要针对新的幼儿教育学和保育学展开思考的时候就更是如此。

好不容易发生了这么精彩的事情,却被说成是"偶然性"的,这种困境是由于我们总想从中找出某种普遍性的知识而产生的。没有某种普遍性,就没有办法建立作为"学科"的体系。要拥有普遍性,其中所使用的术语也必须具有普遍性,并且必须非常明确。

以物理学为例就很容易理解,物理学所用的术语和概念都被明确地定义,表明概念之间关系的定律也具有普遍性。

要建立这样的学科体系，需要有将自己与对象分离开来、客观看待对象的态度。

但是，如前所述的把孩子作为处于创作过程中的事物来看待的视角，与这里所说的态度很难并行不悖。例如，对于缄默的孩子，我们能够找出一个通行的"好的办法"吗？根据相关教师人格的不同，办法本来就不一样。也许有的教师用责骂的方式可以成功，而其他教师却靠和蔼的态度取得了成功。

我曾说过，把对象从自身孤立开来的话，这件事本身就会对孩子的行动产生影响。我甚至提到"自己也成了现象的一部分"，那么通过它怎么可以知道客观性的事实呢？但是，事实证明，正是采取这样的态度，对孩子的帮助和教育才能真正实现。

于是，我在这里大胆地提出，看待现象的眼光可以分为"男性的眼光"和"女性的眼光"。这里我使用了"男性"和"女性"这两个词，是因为我觉得，考察人类的精神史，看待问题的角度可以分为男性擅长的角度和女性擅长的角度。因此，就单个的男性或女性来考虑，谁擅长哪一种角度并不能一概而论。

"男性的眼光"是把自己和对象孤立起来客观地看待。与整体相比，更注重把某一部分切割开来，明确认识这一部分。而"女性的眼光"则在自己和他人没有分化的状态下，尊重主观的世界来看待事物。即使牺牲明确度,也要把握整体。实际上,我们在观察现象之际,需要这两方面的眼光。但不可否认的是,所谓的自然科学,是由强调"男性的眼光"这一点而成立的。它为我们提供了普遍的知识,是极其强有力的。

如前所述,人在面对别人时,需要"女性的眼光"。用"女性的眼光"来观察时,由于其中包括了自己和他人的关联,就很容易知道自己究竟能为这孩子做些什么,目前又应该做些什么。但是,即使这种做法对此时此人来说是"真实"的,却很难作为普遍的真实来谈论。因此,在"男性的眼光"容易占优势的领域,学术体系相对比较容易建立,而在更需要"女性的眼光"的领域,学术的建立可以说落后了很多。幼儿教育和保育学这些学问,应该说正是属于后者。

不仅是保育学,护理学应该也是一样。而保育和护理,长期以来都被认为是女性占优势的工作,应该说和这一事实也不无关系。在保育和护理中,实际事务一直被当作女性的工作。而这种"学问"情形又是如何呢? 认真考察一下迄今为止的实际情况,它们并不是通过"女性的眼光"所观察到的情况的体系化,而是借用"男性的眼光"观察所建立的学问,勉强成了一种"拿来的学问"。

我的专业临床心理学,也是一门相当需要"女性的眼光"的学问。因此,其开端必须借用精神医学这个"男性的眼光"

比较占优势的学问,还有必要从"男性的眼光"占优势的心理
学中借用。

　　这些依靠"拿来的学问"而成立的领域,在人们眼中总难
免带有支派的感觉,这也是一个事实。保育学就是这样,其
自身的存在并没有得到确立,而是依赖于基于"男性的眼光"
的心理学、教育学和医学等。

• 新的保育学 •

　　这里再重复一遍,这里所说的"男性的眼光"和"女性的
眼光"都是象征性的,拥有"男性的眼光"的女性,和拥有"女
性的眼光"的男性,也并不是没有。但从一般上来说,"男
性的眼光"的优越性往往与男性的优越性密不可分,在"学问"
的世界中一直以来都是男性占优势,与此也并不是没有关
系的。

　　尽管如此,我们在现代的课题,在于在保育学和护理学
等需要"女性的眼光"优先的领域,不是作为"拿来的学问"而
建立起自身的学问体系。用稍微过分一点的话说,就是不能
甘于其他学问的"殖民地"这样的地位,而是要明确自己独特
的立场并成功地独立。

　　但是,说到底,这些学问还是以"女性的眼光"为主体的,
不可能像男性们的独立战争一样勇猛。作为总是考虑整体
的学问,在不切断与其他事物之间关系的情况下,谋求独立

这个困难的目标。说得更具体一点，虽说要确立新的保育学，但并不是抛弃一直以来作为依靠的教育学、心理学和医学等学问，而是依然重视它们，同时从中产生出不同以往的新的视角，摆脱只重视它们的态度，积极导入新的见解。

我们可以更具体地考虑一下。孩子的智商指数和发育指数这种设想，大多是通过"男性的眼光"所看到的。它具有一定程度上的普遍性，也有一定的作用。但是，正如我们已经举例说明了的一样，我们在面对个体的孩子时，需要以"女性的眼光"来看待这个孩子的智商指数。也就是说，不是只把智商指数孤立开来，仅仅靠它来对孩子作出评价或预测孩子的行为，这才是最重要的。

在这个孩子的所有存在中，智商指数究竟如何定位；拥有这样的智商指数的孩子，在全班同学中，或在与自己的关系中又该如何定位，这些都是值得思考的问题。此外，不能把它看作一成不变的确定数值，而是要把它看成包含着将来发生某种变化的可能性的东西。只有拥有了这样的态度，才能成为可以在实际应用中运用的知识。

其次重要的是，不要对这些知识进行一般化，例如在接触刚刚所谈到的缄默儿童的例子时，不能据此认为只要让缄默儿童饲养动物就可以了。这甚至可以说是一种错误，一方面用"女性的眼光"观察现象，另一方面却又急于男性的一般化。有很多人不愿意把"女性的眼光"带入学术的领域，就是因为往往会得出这些错误的结论。

　　我们始终以"男性的眼光"来观察现象并进行一般化，就不会出现错误。但如果要把用"女性的眼光"所看到的现象也进行一般化，就需要特别的注意。从普遍到普遍的道路是很好找到的。但在寻找从个体到普遍的道路时——这正是新的保育学所必需的——就需要相当小心了。

　　在刚才的例子中，乌龟逃掉了是一个偶然。"男性的眼光"是通过排除偶然来进行一般化的。但实际上，在教育现场，偶然并不是要排除的，反而往往通过利用偶然来取得成功。我们只有以开放的态度对待偶然，才能够利用它。我们没有办法预测偶然，也不能很快地根据偶然进行一般化。但是，什么样的态度可以产生偶然，并与创造过程相连，关于这一点的讨论却可以进行一般化。此外，个案毕竟都是个别的，但每个案例在很多人的心中引起的感动，以及这种感动所带来的影响，也可以进行一般化。而每个案例拥有多大程度的影响力，以及怎样的记述方法可以让影响力更大，也是可能进行一般化的。

　　像这样来考虑的话，我们可以不否定迄今为止所培养的"男性的眼光"，在此基础上同时使用"女性的眼光"，建立起新的保育学。为此，我期待女性能充分发挥自己的能力，参加到新的学科的建设中来。

Ⅲ　教育方与受教方

1. 幼儿的成长与教师的作用

• 什么是幼儿的教育 •

我们一直在强调"终生教育",的确,教育和人的一生是不可分割的。在幼儿期,教育当然也是非常重要的。但是其本质究竟如何,我们有必要进行一下思考,只有把握了这一点,我们才能探讨在幼儿教育中教师的作用。

如前所述,在考虑教育问题时,从"培育"和"成长"的角度进行思考是非常重要的。当我们考察小学之前的"幼儿园"时,我们会更加深刻地体会到教育中的"育"的重要性。上了小学之后,孩子们会在老师的教导下学习算术和语文等知识。但是,要使这一点成为可能,要让孩子已经"成长"到能够吸收这些知识的状态。

曾几何时,在体育运动界有这样一个问题,由于过分注重"加强"初高中的选手,有时反而会破坏他们的能力。例如,如果让棒球选手尽快投出力所不及的变化球,本来在高中时非常强大的投球手,情况令人欣喜,但是由于后来勉为其难,当其他人不断进步时,却反而变得不行了。也就是说,过于重视"教导"选手,而忘了选手自己的"成长",结果连其才能都被破坏掉了。最近出现了一些反思,情况有所改善,人们开始更多地思考好的选手"成长"的条件。

幼儿的情形可以说也是一样。如果勉强幼儿去做,可以达到相当的水平。但是,这在后来甚至会成为孩子成长的障碍。

我一直在为拥有烦恼的人咨询。有些孩子进入青春期之后出现了很大的问题,有时会有家长带着这样的孩子来,并且说:"这孩子小时候什么都会,本来是个很乖的孩子。"当我听到这种强调孩子是多么"乖"的论调,就会感到心中难受。也许,家长为了创造一个"乖孩子",向孩子灌输了很多东西,为此孩子承担着很大的烦恼,成长的过程被扭曲了。因为,我们忘记了孩子自己成长下去的力量,而作出了剥夺这些力量的事。

我觉得,与教育有关的所有人都应该再次思考一下"育"在教育中的重要性,而在幼儿的教育中这一点可以说是尤其重要的。但是,一旦付诸实施,却是非常困难的。

说到"教导",应该怎样编写教材,怎样制订计划,有很多可以想的、可以做的。那么说到"培育"又怎么样呢? 更不用说让孩子自己"成长"了,那么岂不是不需要什么教师了? 要是孩子自由地成长,岂不是不加理睬就可以了? 但是,话并不能这么说。接下来我们来探讨一下,为了"育",教师们应该做些什么。

· 游戏的意义 ·

刚才讲过曾经的"乖孩子"后来吃苦头的事,这样的孩子怎样才能依靠自己的力量恢复呢? 关于这一点,我们不妨举例来思考一下。在我以前所经历的案例中,有这样一个例子。

小学四年级学生 A 君本来是优等生,但后来对小事非常在意,变得没有办法学习。写字稍微写错一点,就会撕破本子重写。做完作业之后也总觉得还有事情没有做,让妈妈几次给老师打电话确认。动不动就说自己的手脏而长时间地洗手。在所有事情上都是这样,妈妈无可奈何,就带着 A 君前来咨询。

那么应该对 A 君做些什么才好呢? 最有效的办法就是"游戏"。我决定和 A 君游戏,不过除了时间和地点的限制以外,最重要的一点是完全自由地进行。当我说"随便干什么都可以"的时候,A 君茫然不知所措。由于一直以来他都是按照家长或老师等大人的吩咐去做,总是被夸奖为"好孩子",突然之间听到"随便干什么都可以",他也吓了一跳,不知干什么好。

但没过多久他就开始动起来了。他对一些玩具摸摸按按，当什么东西"哐当"一声倒下的时候，立即反射性地看看我的脸。当他觉得真的做什么都可以时，他的行为开始变得大胆了一些。最初的一小时就是这样结束的，而在每周咨询的过程中他变得越来越有朝气，出现了小学四年级相应的活跃。他还向我挑战躲避球游戏，甚至会用尽全力把球朝我扔来。当然我也不甘示弱，结果我们玩得满头大汗。

详细的经过这里就略去了，总之，在这个过程中 A 君的问题逐渐克服了。由于孩子的变化实在是显著，家长还曾特意来问我："您究竟对孩子说了些什么？"其实我们什么也没有"教导"孩子，只是让他游戏。"游戏"就是有这么大的作用。

关于"游戏"的重要性，在第一章已经谈到。在"游戏"中往往混杂着"学习"或"工作"，这是孩子游戏的好处，但如果大人忘记了游戏本来的好处在于自由的表现，而把游戏这种"学习"强加到孩子头上，游戏的重要性也就不复存在了。大人们总是喜欢"教导"，哪怕是在游戏中，也会忍不住想要教给孩子一些什么。

•带着关心守护•

虽说游戏是重要的，但是如果对刚才所说的 A 君放任不管，让他"随便去哪里，想玩什么就玩什么"，他的情况是不会好转的。我在一旁,这一点有着意想不到的重要性。由于身边存在一个带着关心守护着自己行为的人,潜藏在这孩子身上的可能性才会发挥作用。

有些人误解了自由的含义,认为只要对孩子放任不管就可以了。但是这样是不行的。有人待在孩子身边,并带着关心去守护,是孩子的自我实现能力表现出来的必要条件。"带着关心守护"这件事,说起来容易,真正做起来却并不容易。

无论孩子干什么都撒手不管,当然是最轻松的。但是,如果我们带着关心去观察,却又不免总是忍不住想要"出手"干涉或进行"教导"。

例如,假设有一个孩子正在玩沙。我们忍不住就要说"不要用手挖,用铲子吧"或者"四处撒沙子会给周围的人添麻烦"。这时要不出手地守护,是一件很难做到的事。但是仔细观察的话,你会发现孩子不仅是在挖沙,还在享受着手的触感。平时在家里一直处于极端清洁环境下的孩子,对于手上沾满沙子有时甚至会很高兴。

或者,当孩子把沙子弄到另一个孩子身上,你觉得"糟了",有时那孩子却并不生气,反而过来帮着挖洞。有时他们也许会争吵,但以此为契机他们却成了好朋友。

在不出手地守护孩子的过程中,常常会发生让你不由得点头赞叹的情况,或者向你完全意想不到的方面发展,令我们对孩子的了不起油然产生感佩之情。比起大人一般所认为的，孩子拥有更为强大的解决问题的能力。

虽说"守护"是一件好事，但下面这种情况又如何呢？一直都很听话的孩子开始爬树了。虽然精力变充沛了是好事，但如果孩子从树上掉下来受伤了，就会追究教师的管理责任。恐怕很多人还没来得及考虑怎么办，就会立即制止孩子。

这种时候，既然是一直精力不够旺盛的孩子开始"一试身手"了，不妨放手让孩子去干。当然必须有这样的判断，例如稍微受点小伤不要紧，总之自己会在一旁关注，太过危险的时候再出手制止。而在孩子的行为实在太危险的时候，必须立即阻止。

在这种情况下，教师必须养成观察整体的情况作出判断的能力。正如在刚才的爬树的例子中可知的那样，如果想培养孩子的自主性和个性，一定程度的危险是不可避免的。真正有价值而没有危险的事物，在这世界上并没有多少。教师"对危险的容许度"越高，孩子越是不会发生事故。相反，如果教师对一切都连声叫停、连呼危险，孩子反而会经常出事。一般来说，想要严格限制孩子自由的教师，往往是对自身非常不安的人，因此才会对一切都感到"危险"，这种态度刺激到孩子，反而增强了不安定程度，从而使事故增多。

这样看来，我们就可以发现，尽管从表面上看教师似乎什么也没做，但在内心却在进行着非常重大的工作。左一句"不许这样"，右一句"请那样做"，看上去非常活跃的教师，不能称为"专家"。虽然在心中担心"这孩子这样行不行"、"虽然吵架了，还是先让孩子自己处理吧"，但仍然能安静地在一旁守护，也许才可以称为理想的教师。

• 发现乐趣 •

读了上面的内容，肯定有很多人觉得这种不慌不忙的事没有办法做到。甚至有人觉得实际上每天都围着孩子转，忙得不可开交。前面所写的情况，我也是作为一种理想状态而提出，我也并不认为可以就这样简单地实行。但是，那些热心给孩子忠告和教导的老师，并不一定是好老师，只要知道这一点，就已经是非常有意义的了。

作为教师，重要的一点是在自己的工作中发现乐趣。如果自己也不高兴，让孩子"自由自在"也是一句空话。要让自己的工作更快乐，就要观察孩子，而且是用温暖而长远的眼光来观察。如前所述，对孩子不立即出手，而是用温暖的眼光守护着，你就会发现孩子会作出非常有意思的事情。这样一来，你一定会发觉原来每个孩子都有着这样光辉灿烂的表情。

用"长远的眼光"观察孩子，就是不要立即下结论，而是稍微等待一段时间。当老师走在校园中时，一个总是独自在角落里玩的孩子,轻轻地握住了老师的手。这时,老师没有马上就说:"别跟着老师,去跟大家一起玩吧。"而是稍微等待了一段时间。结果这孩子轻轻地在拉着老师往前走,老师也就跟着走了。他们朝沙坑走去。没有任何情况。孩子又拉老师。老师虽然被带着四处晃悠,还是默默地照做了。他们来到了单杠边上,看了看其他孩子悬挂在上面的情形,孩子突然松开老师的手也加入了进去。

看到孩子悬挂在单杠上那开心的表情,老师也觉得非常开心,这才知道,原来这孩子为了不再像以前那样一个人玩,在加入伙伴之际,打算把和老师的关系作为基础去进行。

说到"长远的眼光",有时甚至是一整年的长远眼光。有的孩子变化快,有的孩子变化比较慢。教师绝不可以操之过急。

在培育孩子的时候,我常常联想起"植物"。只要有太阳的热量和土壤,植物就会缓慢地成长。把孩子当成"机械",教师"只要如何如何就会如何如何",试图对此加以控制,就会出现不能从心所愿的情形并感到厌恶。如果拥有愉快地观察植物成长的态度,工作的乐趣就会增多。

写下这些文字,其实我也并不认为幼儿教育全都是愉快的事。无论多么愉快的事,越是深邃,越是需要痛苦作为后盾。那些想要不经历痛苦就得到快乐的人,等于是想要不劳而获。

远藤周作①说过，写小说是一桩"苦中作乐"的工作。有苦有乐，妙处之深就在于此。真正投入进去的话，应该说幼儿教育也同样是"苦中作乐"的工作。

• 培育的难处 •

要把对孩子的培育和孩子的成长放在教育的中心，的确是非常困难的。这是为什么呢？原因之一在于，只要教师位于"教导"的一侧，就是轻松而安全的。奔走于孩子之间，忙着指出"这样做不行"、"那样做做看"的老师，看起来似乎更像老师一些，说不定还会被称为热心的老师呢。

与此相对，我作为理想所举出的、提供"孩子成长"场所的教师，在极端情况下甚至会被认为是"懒惰得什么都不干"。由于这些因素，教师"想要教导的本性"很难根治。

有一位幼儿园老师一边逐页给孩子们看图画书，一边读给他们听，孩子们都非常高兴。也许有人会觉得，在动画片存在的时代怎么还做这种陈旧的拉洋片一样的事情，但实际试试看就会发现，孩子们会表现出意想不到的喜欢。由于这里出现的不是人与机器之间的关系，而是活生生的人与人之间的关系，所以才会这么精彩。老师一边读着图画书，一边

---

① 　远藤周作(1923～1996)，日本作家，曾获文化勋章。著有《海与毒药》、《沉默》、《死海之滨》等。

看着孩子们的笑脸,被深深打动了。孩子们的眼睛熠熠生辉。

由于这种体验太精彩了,当家长们到幼儿园参观时,老师也想把读图画书的情形表演给他们看。老师的心中有些得意,他想让家长们也看看孩子们那熠熠生辉的眼神。但是,就在故事快要达到高潮的时候,有个孩子叫了一声"我要小便"。老师本来打算不加理睬地继续读下去,但这孩子平时就不安分,这时已经站了起来,看上去似乎当场就要尿出来,无奈之下老师只好带这孩子去上厕所,等到回来时,孩子们已经七嘴八舌一片喧闹,根本没办法继续读下去。老师觉得自己的脸被丢尽了。

给我讲这件事的老师,一开始对于那个喊"我要小便"的孩子气不打一处来,但后来仔细一想,突然注意到了这样一件事。

这天,老师急于给妈妈们表演自己的"图画书朗读"是何等精彩,有些过于得意了,相应地与孩子之间的心灵交流也变得稀薄了。这时最早发现这一点的孩子,就是所谓不安分的孩子,也就是对人际关系敏感的孩子。喊出"我要小便"的孩子,也许是觉得不同于平时给自己朗读图画书的老师,这一天自己和老师的关系越来越疏远,几乎快要断了。说上一声"我要小便",正是老师可以和自己形成一对一的关系的好机会。可以认为,这孩子不惜作出这种事试图与老师重新建立关系,否则就会感到极度的不安。

　　这样一想,老师也就觉得可以理解了。老师说:"我不仅不对这孩子生气,反而想要感谢他让自己学到了很多。"老师学会了孩子与教师的关系是如何重要而微妙。像这类考虑"育"的教师,自己也会不断成长。

2. 日本文化中的师生关系

• 文化中的教育 •

很多人认为，在对授课进行研究时，没有必要谈论日本文化这种大题目。但是，国际化对于日本人来说是非常重要的课题，因而在教育也必须考虑国际化的今天，这一点也是不容忽视的。我曾有幸通过录像看过三重县四日市的石井顺治老师为五年级学生上的"文字的根源"课。这是让学生们就汉字的起源进行思考的一堂课。其中有很多地方值得我们从师生关系和日本文化的角度思考，所以下面我们来探讨一下。

这里我们先来再次考察一下前面介绍的美国归来的中学生明良的例子。我并不打算从这个例子中立即得出日本的教育不行或日本没有民主主义等结论，也并不是说在这种教育下成长的美国人就一定比日本人强。他们也有他们很大的问题。但是我们应该认识到的是，"文化差异"这件事是多么重大的问题。

明良所说的"任何人都可以自由地表达自己的意见",恐怕所有的日本人都会一致赞成,但明良说的是实际上并没有发言的自由。但并不能由此立即得出结论说日本是没有个人发言自由的国家。美国人也有美国人的不自由。对于人类而言,自由并不是那么容易的事,不同的文化都有着相应的限制。

问题不是谁对、谁好,而是改变看法的话,判断也会发生变化。我们必须认识到,虽然我们也在说要发展个性、要自由自在地培养孩子,但日本的课堂在美国人的眼中,完全是不自由而且没有个性的。而今后和这样的国家打交道的机会越来越多,生活在国际化时代的孩子们,是我们要教育的对象。这种困难,作为教师应该清楚。

简单地从结论来说,我们没有选择,只能采用日本的生活方式,但我们必须从培养对于不同的生活方式和思考方式更为开明的人这个角度来思考教育。这并不是一味否定日本式的东西,而是要努力留下日本式的东西,同时找出新的生活方式。记住了这一点,我们再通过石井老师的课堂来思考一下这个问题。

• 教师与学生的关系 •

日本的师生关系是以母子关系为基础的。说到好的一面,教师会关注并亲切地接触每个学生。整个班级有着"家庭式"氛围的集体感。但在不好的一面,教师会过于"照顾"孩子,在无意识中剥夺了孩子的自立性。教师期待所有的孩子都在自己的怀抱里,不允许自由的存在。

在日本文化中,"揣测"是非常重要的。这当然也有很多好的方面,但若偏向不好的一面,就会出现学生在班会等课堂上看起来是在踊跃举手发言,其实却是在"揣测"老师的想法而发言的情况。偶尔说出自己固有的意见,就会像前面所说的明良遇到的惊诧一样,被全班的压力所封杀。

从这一点考虑,在石井老师的课堂上,随处可以看到对日本式师生关系缺点的克服。孩子们的的确确在自由地发言。这种情况不是一朝一夕就可以形成的,而是石井老师和孩子们一起不断建设的一种班级文化的体现。

在课程结束后一位学生的感想文中,有一句话是这样的:"这是一堂可以说'错'的课程。"这句话明确体现了学生发言的自由度。在课堂上,经常会出现"某某君的意见,我认为很好"的说法,学生们都诚实地表达着自己的意见和想法。可以发现,他们并没有"揣测"并代言老师的想法,也没有把"正确答案"死记硬背下来再进行发表。

这里我想要探讨一下学生们在分组发表演说之际的僵硬。孩子们本来自由自在地表达着自己,一旦站在黑板前向大家发表分组调查的情况时,表情突然变得僵硬起来,话也说得不流利了。有个小组的孩子,在发言结束后露出非常自信的表情,这和他们在发言时的表情形成了鲜明的对照。发言时孩子们的话听上去非常含糊。这是日本文化的一个难题。

日语是一种根据与对方之间的"关系"而发生微妙变化的语言。在不同的关系下,使用的语言也不一样。站在大家面前,使用郑重其事的语言来说,很难说出个性化的话来。这一点只要考虑一下不久之前日本人的生活方式就可以理解,在这种时候表现出"个人的感情",反而被认为是一种失礼。在作为整体生存的基础上发言时,应该说"规规矩矩的套话",而不应该带入个人与个人之间的关系。这种情形一直持续至今。在日本人所喜欢的"典礼"上,例如毕业典礼和结婚典礼等,致词都显得千篇一律,没有个性,原因也在于此。

但是,时代发生了变化,在面对整体使用郑重其事的话语的同时,我们也变得必须"传达个人的意见和感情"了。这对于日本人来说需要相当的修炼。这一点我们首先必须认识到。对于孩子们而言,这是尤其困难的。在面向整体侃侃而谈的时候,他们必须使用与和朋友进行个人接触时所使用的语言完全不同的语言。而且,日本文化是不喜欢个人在他人面前明确展露自我的。从美国归来的明良被同学们称为"离谱",其实并不是在说他所说的内容的好坏,而是在攻击他的态度打破了日本式的平衡。

　　这样来看,我们就能理解孩子要在大家面前用生动的语言进行发言有多么困难了。很多教师在被置于类似场面的情况下,也只能进行规规矩矩的没有个性的发言,这一点教师自己也应该反省一下。自己也做不到的事,一定要勉强学生去做,当然不会有什么效果。

　　那么,应该怎么办呢? 是不是应该掀起一场课堂革命,允许学生在大家面前发表言论时可以使用方言信口开河地说,或者师生们进行努力训练,以求在用标准语发言的时候也能做到生动有趣呢? 我认为,不要单单追求"正确"答案的做法比较好。即使我们能够完全照搬美国的做法,如前所述,考虑到现在的日本和美国的社会情势等一切情况,也不能简单地说应该以美国为模范,即便那么做了结果也并不会那么可喜。

• 作为"发现式"过程的课堂 •

　　既然说没有正确答案,那么就这么继续保持下去不用进行任何改变,这样的想法也是不对的。我们还是必须考虑某种改革。但是,不是模范适用式地去进行,而应该是发现式地去进行。所谓"模范适用式",就是选择日本式或美国式的模范,并试图将其适用于所有的场合的做法。与之相对,所谓"发现式",则是在一定程度上拥有自己的方向性和理论,而在不同的场合相应进行改变或探索，并不断前进的方法。

即使是在课桌的排列方式这一点上，也可以感到这堂课上老师所下的工夫，令人赞叹不已。石井老师说，根据情况不同，课桌的排列也不一样。这是非常好的一件事。日本人对于"流行"非常敏感，课桌的排列方式和课堂的推进方式也有着一种流行——当然，这些趋势都有着支持它的理论性的东西——人们总是有跟着这样的流行走的倾向。这时，即使知道这个理论或倾向，也不要把它当成唯一正确的真理，一边暂且进行适用，一边还是应该进行"发现式"的应对。

关于这堂课，我曾和很多人讨论过，其中谈到了一点，就是"盯着一个孩子追问下去"这种做法的利弊。考虑到孩子的自立和责任，有时对一个孩子严格追问也是必要的。但从现场教师的立场来看，正如当时在场的小学老师前岛所发言的那样，可能出现这样的情形，"一不小心，说不定家长不会这么想。我就曾经吃过苦头。本来一直感觉很好的，由于一次追问不得当，关系变得糟糕了。"

这也是关系到日本文化问题的一个困难课题。而且，这时并没有整齐划一的答案。前岛老师说道"家长不会这么想"，那么孩子的情况又是怎样呢？我觉得，即使对一个孩子追问下去，只要教师感到这样做的确是有必要的，孩子也能予以理解。

不过，如果大肆宣扬孩子的"自立和责任"这个冠冕堂皇的理由,说不定就看不到其他事物了,从而忽视了孩子的能力和孩子周边的环境。从日本人传统的状态来考虑,现在最好应该逐渐改变为更重视一个孩子的自立和责任的授课方式。但是,带着这样的方向性,而在具体的场合则应该相应地进行"发现式"的改变。

如果教师拥有"发现式"的态度,学生也会作出回应。在课堂上有这么一段情景,大家一起来思考"鸠"这个字的由来。顺着前面的授课流程,大家都被拘囿在"九"这个字上,不知如何解释,这时有一个孩子模仿"啾啾"的鸟叫,大家都恍然大悟,这个场景给我留下了深刻的印象。我觉得自己似乎也体验到了全班同学心灵的震动。这种发现并不是所谓的优等生带来的,这一点也值得我们注意。

在日本的课堂上,一不小心老师的意图会过于明显地提前表现出来,最快揣测到这种意图,或提前知道"正确答案"的孩子进行发言,就会得到表扬。这样的孩子在实际中会被当成优等生,但这种类型的优等生,从另一方面来说,可以说只有破坏创造性才能成立。这种优等生或模范生,到了青春期的时候,就算想要进行自我主张也无法做到,最终引起家庭内暴力,这样的例子我们临床学家体验过很多。

看到这堂课,我感到佩服的是,所谓"好孩子"和"不好的孩子"的差别,从看到的东西中感觉不出。也就是说,学生们都非常活跃,从整体上看,找不到特别落后的孩子或漠不关心的孩子。

日本人集体的特征之一，是喜欢把集体的成员从头开始排序。前面也说过，个性这东西难以理解，所以按照顺序来找出个人差异的倾向总是十分强烈的。因此，家长、教师和学生对于排序所要用到的分数都非常重视。作为日本人必须考虑打破这种倾向，正如在这堂课中"啾啾"的例子所表示的一样，各人自由说出自己的联想，这也是有意义的，这让学生的排序成为不可能。即使在这一点上也可以认为是有意义的课程。

• 何谓教师的个性 •

要尊重学生的个性，教师必须重视自身的个性。在看了课程录像后的讨论中，我们谈到了教师的幽默。日本人缺乏幽默感，这一点在很多国际会议上被指出。而在日本人中，教师尤其缺乏幽默感。日本人特有的严肃较真，在教师中尤为明显。

小学的班级单位，是这样类型的一个集体，相对于一个教师，剩下的都是孩子，一不小心，就会变成以教师为国王的王国。教师就会作为只有自己是绝对正确的存在、拥有绝对权力的国王而君临整个班级。到了这种程度，什么是正确的，什么是应该做的，就被唯一确定，整体都在国王的号令下行动，绝不会产生幽默。从某种角度来说，这是极其秩序井然的,但却是一种非常脆弱而缺乏弹性的构造。

　　一旦开始考虑个性,就不会那么容易形成整体的一贯性。每个人都基于自己的个性而发言。即使认为自己是对的,也会倾听别人的发言。不是马上争吵起来,而是带着余地,讨论彼此的想法,这时就需要幽默。幽默源自余地,并且有时幽默也会产生余地。

　　这样来考虑,教师似乎必须时而成为国王时而成为丑角了。有些人过于强调教师中幽默的必要性,结果成了丑角,这是做得过头了。根据场合的不同必须时而是国王时而是丑角。而说到国王和丑角,谁都可能擅长这一方面不擅长那一方面。所以每个人都必须清楚意识到这一点。

　　或者,教师宽容的态度,也会容许学生适当地变成丑角。而由于丑角的笑声,常常会引发意想不到的新的展开。

　　有时,教师表现得过于接近国王,在学生中就会反抗性地出现丑角。这时,教师不应该把这丑角裁断为愚蠢的,而必须认真考虑其意义。在石井老师的课堂上,从整体上说丑角并不活跃。老师对整体的管理方式,也并不像可怕的国王那样严格,所以并不需要丑角。但是说不定会有人批评说这种管理方式稍微有点过于精致了。

　　磨炼教师的个性,无论如何都是必须的,为此,这类通过看录像等进行的教学研究也是不可缺少的。但只是获得一般性的知识,是产生不了个性的。从人向人传达的东西,会帮助个性的形成。因此,看了一堂课的录像,意义不仅在于从中找出一般的规律,或成为自己进行类似行为时的提示,而是在于直接从课堂上教师和学生的动向中领会传达给自己的东西。下次在上课时,就会得到从深处支持和促进自己的力量。这就是教学研究的好处。

在讨论中,大家议论的问题之一,就是当孩子的发言离课堂的流程过远的时候,石井老师能够"判断谈到这一点是离题了",因而不提出来讨论。这点也是非常重要的。问题是,"离题"可以被容许到哪一步。无论学生的意见是什么,都尽可能提起讨论,从这个立场出发的话,可以说哪怕稍微有些离题也是无可奈何的。但如果离题超出一定的限度,有时该教的东西也教不成了。教师就必须对此作出应有的判断。

这时,如果事先决定"学生的发言必须全部接受"或"绝不能离题",就是非常简单的事了。反而是没有任何规则,走一步算一步做来令人为难。知道这两种想法各有利弊,投身于两者的矛盾状态之中,在烦恼中逐步决定,这样教师的个性就能得到磨炼。通过这样的矛盾来锻炼自身,并且通过自己所作出的决断持续不断地"了解自身",在个性的磨炼上是必不可少的。

我说过,教师容易成为班级之王,但如果满足于这一点,就会没有进步,成为孩子们眼中没有魅力的教师。对于所教的科目的内容,教师自然远远比学生了解。如果局限于这一点的话,教师不必有任何进步就可以耍威风了。但是只要考虑一下就会发现,怎样把教材传授给学生,以及学生会作出怎样的反应,每次都是全新的,因而教师不能等闲视之。如果教师总是有新的发现,不断进步,学生们也会感受到这种姿态。教师不仅看到自己拥有的知识,还要着眼于怎样传授这些知识,或怎样与学生一起不断反复"发现"下去,就可以促进教师自身的进步。石井老师的这堂课中就可以看到教师的这种姿态,在这个意义上,这是非常精彩的一堂课。

3. 体育与哨子

●吹哨子的意义●

　　我通过录像观看了久违的小学体育课。在就此进行讨论时,非常不好意思的是,我并没有观看多少小学体育课,也没有这方面的亲身经历,仅凭一次的印象,就随口发表了一些看法。其中,我自以为是地提到,在现在的小学中很多老师在体育课上不吹哨子。结果有人指出并没有这回事,现状是吹哨子上课的情况要多得多,这倒令我吃了一惊。

　　后来我反省了一下,我虽然在大学任职,但自认为和小学、初中和高中的老师们还是有些接触的。在我所接触的老师中,"不吹哨子"的类型占多数,所以我把它误解为现在的教育的倾向了。实际上这些老师却是少数派。这些老师都被认为是挑战现代教育状态的人,也许是在反潮流地尝试着"不吹哨子的教育"。

　　但是,无论什么事情——在教育上尤其如此——绝对的好事本来就非常罕见,往往都必须在某一点上重新思考一下。作为我,是想承认"不吹哨子的教育"的好处,并在此基础上探讨哨子的问题,结果却被告知,在一般的倾向中,还是"吹哨子的教育"比较多。

这样一来,不是以"不吹哨子"的教育为前提,而是有必要再次对体育课中的"吹哨子"这件事进行一下思考。体育课上的"哨子",看来并不是一个简单的二分法的问题,也就是说,是通过哨子方便对学生进行管理的"管理教育",还是对此进行挑战,通过不吹哨子来保障孩子自由的"自由主义教育"。

要考虑这个问题,看来首先必须要追本溯源地探讨体育究竟是什么。对此,我不能作出专业的回答,但如果通过局限于与"哨子"的关系的思考,能够对体育课提出某种启发,我就觉得非常荣幸了。说不定还会得出完全错误的结论,还望方家海涵。

首先我们来探讨哨子的问题。哨子是一种小笛,笛子首先可以是一种乐器,有着不可测的深度。关于它的神话和传说也很多。但是这里所探讨的并不是乐器,而是作为警笛的哨子,我们还是集中来讨论后者。

用于体育课的哨子,只会发出嘀嘀的声音,不会奏出旋律来。它所起到的作用是,突出表明时间推移中的一个点。这时,教师还可以发出"号令",例如"集合"、"安静"或"解散"

等,其意义甚至比语言更为明确。也有时光靠哨音还不能明白其意义所在。但是,有些人相比发出号令更喜欢吹哨子,还有些人即使发号令,在发出之前也会吹哨子。

哨子的好处是声音可以比人声更清楚。它比人声更为响亮,在相当嘈杂的环境下也能引起人们的注意。为此,体育运动的裁判就是用哨子。在橄榄球等比赛中,无论争抢多么激烈,哨音一响,比赛就会被中断,这是绝对性的。当然,接下来裁判必须马上指出中断比赛的理由。但是无论如何,哨音会打断比赛的流程。

哨音的高亢和尖锐,不仅让人"听到声音",还有着作用于全身的效果。就像是一根线条划过身体一样。它让此前的行动中所体现的意志推移在一瞬间停止,等待吹哨子的人的指示。橄榄球等选手是不能对裁判提出抗议的,这就意味着裁判在行使着可以称为"绝对性"的"哨子的权力"。

在体育课上使用这样的"哨子",又会怎样呢?要考虑这个问题,首先必须从与哨子的关系上稍微考虑一下,体育课中需要进行一些什么样的内容,又是什么被当作体育课的目标。

• 管理与表达的关系 •

人必须为自己的行为负责。从与身体的关系上说,自己的身体应该自己进行管理,控制自己的行为,否则就无法负起责任来。因此,孩子们必须在学校学习以自己的意志控制自己的身体,同时还有必要增强自己的体力。

能够控制自己的身体之后,还要以让身体的运动更快更有效为目标进行练习。要形成敏捷的反应,作为瞬间的刺激,有时哨子是非常有用的。就是说,通过反复进行练习,让身体对一瞬间的哨音立即作出反应。

在形成身体各部分的协调以及迅速反应的练习中,利用哨子作为刺激也许是有效的。但另一方面,当通过身体走在成长与发育的过程中时,不可以忽视身体的表现活动的重要性。不仅是对外界的刺激作出怎样的反应,通过身体的运动,把自己内部的东西不断表现出来也是非常重要的。这样一来就关系到"美"了。身体的运动,让人产生美感。或者让运动着的人自己享受"美的感觉",这也是体育的目标。

不过,在"表现活动"中,需要注意的是,认为在某人的内心已经存在要表达的内容 X,然后再考虑怎样把 X 通过身体表现出来,这种只是从图表化和时序化的角度出发的想法,未免有些太片面了。相反,有时候在不断尝试运动身体的过程中,会切实地感受到原来这一点也可以表达出来,或者原来这种表现会自然而然地出现。说得极端一点,有时甚至会在运动身体的过程中,发现自己想要表达的内容。这不是时序性的,而是共时性的体验。

在"自由"的空间和时间得到保证时,人的心灵和身体都想要产生某种表现欲。有时,由此而引发的是超出本人的意识和通常言行的行动。也就是说,这是创造性的行为。体育运动也是如此,一旦积极投身于此,有时也会爆发出超越通常的能力。类似这样,并不是设定一种刻板的存在并表现出来,而是通过表现行动唤起本人原来没有意识到的东西,并使之成形,从而使来自内心的冲动产生出表达,形成无法简单地归纳为因果关系的行为,这就是创造的本质。通过身体来体验这样的经历,就是体育的一个课题。

我说过,创造活动产生于自由的空间中,但要产生真正的创造,这里的自由还必须有某种框架,这也是事实。完全的自由,对人而言并没有"自由"的意义。

以体育运动为例,无论什么体育运动都有规则。如果说在橄榄球和摔跤中,基本上用自己的身体正面冲撞对方是重要的,那么只要各自"自由"地想怎么撞就怎么撞不就可以了?但这里其实是存在规则和胜负的。只有这样,这种冲撞才能更有效地进行。或者,在规则的框架内最大程度地发挥自己能力,有时在此过程中会产生自己也没有意识到的"美"。规则中当然也包含了防止危险。但是,仔细想一想就会明白,体育运动的规则在体力较量这一点上设计得是多么精巧。不过,只是单纯地说"自由地锻炼身体",是做不到这一点的,因为这里有着人这一存在的奇妙之处。

这样来考虑的话,在表明体育运动中非常重要的规则时,"哨子"会被吹响,这是值得思考的一个问题。不是用哨子来束缚选手,或操纵选手按照裁判的想法运动,而是为了让选手们的"自由"动作更为有效,为了表明一种可以更好地体验的"框架",哨子才会被吹响。

•"身"的教育•

要在现代社会中生存下去,必须获得很多知识。因此,在孩子的教育中,人们往往容易把重点放在"传授"更多的知识上。但是,人这一存在不仅有知识的一面,此外还有很多侧面。身体就是其中的一个侧面。

例如,掌握了作为知识的"亲切",和坐在电车中看到老人出现时让座的行为之间,有时并没有直接的联系。同样让座给老人,不同的动作也会给对方带来不同的感觉。或者同样是坐着不让,坐着的姿势不同,所思考的内容也不一样。

"身"这个词是一个奇妙的词。它不仅用来表示身体(body),还包含着更为丰富的内容。"自身"、"身边人"、"切身感受",查一查这些词,我们会切实感到"身"所覆盖的范围之广。哲学家市川浩在《"身"的构造》一书中进行了分析,详情可以参见该书,总之,"身"这个词包含了人这一存在整体的很多侧面,不可以进行简单的身体或精神的区别。把这种整体性的把握吸收到体育课中,并把它当成"身的教育",我们也许会得到一些启示。

在神经症中有一种叫作"人格解体神经症(depersonalization neurosis)"。其特征是现实感变得稀薄,感到外界失去生气变成图画一般,或感受不到自己的感情,虽然外表看起来也有笑有哭,但本人并不知道自己真正是喜是悲。有时觉得自己的身体就像是别人的一样。患上这种疾病的人会感到非常不安,甚至有人忍受不了而自杀,但如果不说出来,旁人丝毫也看不出。有时,本人也觉得"不对劲",却又不知该如何表达出来。

有一位高中女生患上了这种疾病。她非常痛苦,却不知道该向谁倾诉、如何倾诉。有一次,在体育课上,她们要跳舞,分成小组尝试进行了各种自由的表现,体育老师在一旁观看,发现这个女生"有点奇怪"。节奏也不乱,身体的动作也不古怪,但总是缺少一点儿什么。课后,教师找到这个女生,问她怎么了,以此为契机,学生倾诉了自己的痛苦,终于找专家来咨询了。

一般人看到了也只会觉得和大家没有什么不同,这位老师却能发现她的"身体动作"缺少一些重要的东西,真不愧是体育老师。从身体每个部分的动作来说,并没有什么错误或异常。但在作为"身"这个整体观察时,却让人感到一些什么。这位教师并不是在其他学生面前提醒这个女生"你的舞跳得有点怪",而是在下课后私下里去问她,这一点也是非常周到的。这件事可以让我们明白从"身"的状态来把握人这一存在的全体有什么意义，所以我就作为例子举出了。

　　如前所述，在学校教育中偏重知识性的一面的倾向比较强，在体育课上，也有把重点放在"传授"与身体有关的知识和运动技巧上的倾向，但我觉得，其实说到底还是要通过身体，体育课还是应该有意识地进行人的整个"身"的教育。

　　人有时必须要独自和众多人对峙，有时必须和很多伙伴一起行动。在通过身体经历这些的过程中，才会亲"身"体会到，这是非常重要的。

　　不过，这里需要注意的是，通过体育运动体验到的东西，并不一定直接与这个人的整个人格有关联。人是一种奇特的存在，有时在学问上逻辑性很强的学者，在现实生活中却毫无逻辑性，而在体育运动的时候具有合作精神的人，在现实生活中也可能是自以为是的人。因此，身体上的经验并不能直接亲"身"把握，这一点我们也必须明确。这一点和我们下面探讨哨子的部分也有关系。

• 哨子为谁而响 •

　　关于体育我们略微探讨了一下它的本质，稍微兜了个圈子，接下来我们再次来思考一下哨子的问题。经常在体育课上使用哨子的老师，应该会把可以通过它控制学生的行动作为优点举出。在把"控制"、"秩序"等概念看作重要的目标时，如开头所述，"口哨"的确是非常有效的。

但是,我们必须思考的是,这里的"控制"和"秩序"对谁而言有什么意义。教师想要通过口哨来"控制"学生,让学生有"秩序"地行动时,这对于每个学生来说也是"控制"和"秩序"吗? 这一点必须探讨一下。

在尝到战败滋味之前的军国主义教育中,学生们被灌输着作为集体有秩序地行动的思想。但这一点对于每个学生来说究竟意味着什么呢? 本质意义上的"秩序"和"控制",能够成为学生自己的东西吗? 日本军队的情形就不用提了。在某人的统率下有秩序地行动,和个人对自己进行控制之间,还是不能简单地画上等号。

这样来考虑的话,我们就会发现,即使用哨子来上体育课,往往并不能构成对孩子的教育,很多情况下只是在做着对老师来说方便的事情而已。或者,我们应该知道,当出于管理目的的哨声从教师身上发出,往往只是吹哨子的教师自身在瞎起劲罢了。

反对管理教育的人,也会因此而讨厌哨子,但事情并不是那么简单。如前所述,人在"知道"的情况下,有很多不同的层次。在数学上,光是死记住公式,和能够理解公式,在理解的层次上有很大的不同。合作和对决也是一样,它们并不是抽象的概念,而是根据结合怎样不同的体验来理解的,其理解的程度和应用的可能性也会不一样。因为是通过身体知道的,所以不能简单地断定是"深"是"浅",有效性是"高"

是"低",但是通过身体知道这件事本身也是非常有意义的。

因此,由于哨音,身体在一瞬间紧张而动作停止,或和其他人一起作为集体进行统一行动,这种体验也是有意义的。有没有通过身体体验过这一点,甚至会影响到此人今后的人生观。我并不是在说这样的事绝对是好事,所以要好好练习,而是在强调体验的意义。

即使集体通过哨子采取了统一的行动,每个成员也并不一定因此而经历对自己而言的"控制",这一点前面也已经指出。弄不好,也许只会成为教师的自我满足。要避免这种情况,就不能引起教师是"吹哨人"、学生是"听从者"的一分为二的状态。哨子对教师也同样鸣响,教师自己也应该经历哨声引起的瞬间紧张和"控制"的感觉。只有在教师这样的态度的支持下,学生们才不会成为被动性地听从"哨声"的人,而是让哨声的功能逐渐地内在化。

教师如果在考虑以上问题的基础上,在体育课上使用哨子,就会产生教育性的意义。这样一来,就不会只把价值放在通过哨子让学生统一行动上。而且,那些重视体育中的"自由表现"的教师们,也就没有必要那么固执地在体育课上完全不使用哨子了。

4. 不上学的"处方笺"

不去上学的孩子越来越多了。家长和教师不知道理由,孩子就这样待在家里不去学校。作为对付这种情况的方法,"风之子学园"这样的蛮横无理的做法也就出台了,当这种情况被曝光,一般人都为之惊奇不已。在大众传媒上也不断出现关于拒绝上学的讨论和对策,有时还会对文部省和教育委员会等提出采取措施的要求。但是,不愿上学的孩子其实有各种各样的原因,"对策"不是那么容易就可以提出的。但是我们也不能置之不理,所以这里就粗略地谈一谈我的想法。

• 不上学众生相 •

不去上学的孩子,如果是身体有明显疾病的,每个人都可以理解。但也许是因为孩子心灵和身体的关系非常密切,或者心灵和身体的界限比较模糊,有时发热、身体疼痛、呕吐等症状是与心理性（这一点后面会谈到）的原因有关而产生的，所以也不可一概而论，总之，这里我们先不考虑身体疾病的情况。

不去上学的孩子的确是在增多。在日本，这个问题开始引人关注，是从 20 世纪 60 年代初开始的。但是，随着不去上学情形的增多，大众传媒也开始报道，这种现象因此而进一步有所增加，还出现了随意缺勤的孩子，使得作为一个整体来谈论不上学的情形变得非常困难。说得极端一点儿，光是说"热度高"，而没有诊断出是什么疾病，是不能开药方的，同样，只是知道"不去上学"，也是拿不出任何解决方案的。

不上学的孩子究竟有多少，如图所示。这是从长期缺勤者（缺勤五十天以上）中减去身体疾病引起的缺勤者、经济原因及其他原因之后的所谓"厌学者"的数字。小学的情形是逐渐增加的，而初中则在十年中达到了原来的两倍半，比例也占到了全体的 0.75％。在长期缺勤者之外也有不上学的孩子，而且如前所述，身体的疾病有时也并不是那么简单，因而，即使少估算一点儿，可以说在中学里每一千人里就有一人。这是一个相当庞大的数字。

• 各种各样的原因 •

不上学也有各种各样的原因。有的孩子由于家庭贫困

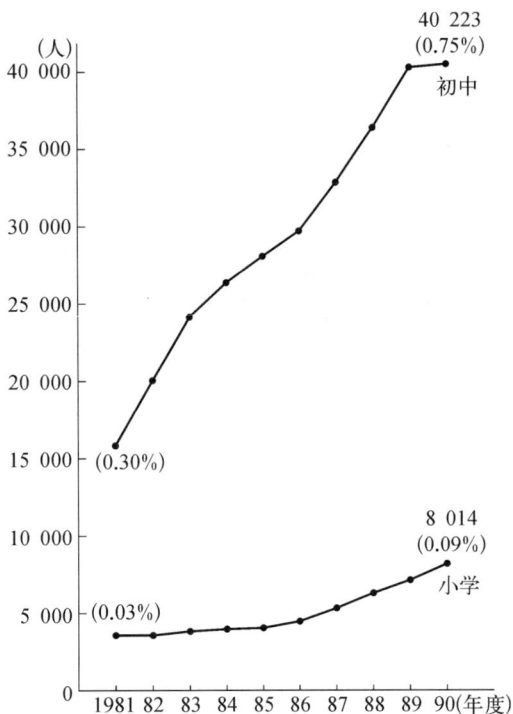

中小学不上学孩子的数字为占总数的比例

出处:《关于生活指导上诸问题的现状与文部省的对策》(1991 年 3 月 12 日,日本文部省初等中等教育局中学科)

而走上了歪路,懒得上学或拒绝上学。也有的孩子在初中到高中的过程中,由于精神疾患的发作而不能上学。还有的孩子在我们束手无策的时候,出现短暂的旷课,然后又马上去上学了。

上述情况在外界看来也非常容易理解,而我们临床专家认为处于不上学群体的核心的,往往是那些对一般人而言很难理解为什么不去上学的例子。在数量上也可以说这种类型是最多的。这种类型的特征是,本人想要去上学,但无论如何也做不到。关于这一点容后面详述,这里我们先就不上学来谈谈更为一般性的一些情况。

我再重复一遍,不上学有各种情况,没有统一的对应方法,强调这点是非常重要的。有时斥责可以让孩子去上学,也有时不闻不问可以让孩子去上学,这些都是事实,但想要把这样的做法用在所有人身上,就是错误的。如果有人自负"只要交给我,一定让他去上学",吹嘘自己这样那样的例子,但其方法却总是一定的,这时就需要重新考虑一下了。

"是否应该给予上学刺激"这样的一般性议论没有什么用处。勉强命令孩子去也没有多大意义,但有时说了反而更好。仔细想想,每个人都不一样,周围的环境也不一样,可以说根本就不可能有统一的方法。大家都去上学,自己却缺勤,这件事本身就像是在主张"请把我看成与众不同的人"一样。

• 想去上学而做不到的孩子 •

但是,一味地说没有统一的方法,也是于事无补的,因此我们还是探讨一下可以发挥"处方笺"作用的情况。这些曾经被称为"拒绝上学"和"学校恐惧症"等名称的孩子,其特征在于本人想去而做不到。我觉得这些名称并不符合实际情况,所以称之为"不上学"。

作为这些孩子的一般性特征,当追问他们为什么不上学时,他们会说出很多理由,例如害怕老师、成绩不好,和朋友相处不好等等,但是这些都不是真正的理由,实际上他们自己也不知道原因何在。甚至头天晚上做好了上学的准备,到了早晨却怎么也起不来,或者两腿发软,或者出现发热、呕吐,无法上学。首先必须理解的一点是,这样的孩子绝不是懒散,而是自己想去上学却做不到。

因为这样的孩子是由于心理的原因而不上学,而问他们"有没有什么烦恼",往往也是没有用处的。虽然说是心因,如后所述,也要通过深层次的接触才会逐渐明白,这一点我们必须认识到。

在闭门不出期间,有时孩子的生活还会昼夜颠倒,白天也把房间弄得非常昏暗。有时还会发展为家庭内暴力。本来一直觉得很听话的孩子,会突然冲上去殴打父母,或提出根本不可能完成的要求,让家人非常惊奇,但多数情况下这些并不是精神病。

关于治疗的过程也在后面详细说明,不过,无论看上去多么困难,最终回归正常的比例是非常高的,即使时间稍微长一些。例如我曾遇到过的人中,有人高中晚了四五年,但还是高中毕业了,通过了大学入学资格考试,甚至大学毕业后建立了家庭,活跃在社会上,这样的例子也不是没有。在那段闭门不出的时期,如果与家人的关系恶化,或者本人变得自暴自弃,那么,即使回归正常,也会很难回到常轨上。

仔细想想,人生是漫长的,耽搁四五年,对未来并没有什么问题,而且,如后所述,这一时期的经历对于这个人今后的成长也是有用的,考虑到这一点,对于孩子周围的家人和教师们来说,最重要的是对于这段时期的耽搁不要太担心,不要放弃总有一天可以好转的希望。当然,这一点是说来容易做来难。

• 有什么样的"处方笺" •

说到"处方笺",你可能觉得会是什么绝妙的方法,但是实际上并没有什么秘籍。"良药苦口",可以说首先要知道,相应的痛苦是必不可少的。那么,究竟是怎么回事呢,不妨举例说明一下。

有这样一个例子,虽然时间是在很久以前,但其中基本的过程是一样的,所以我们来了解一下。这件事发生在二十多年以前。有一位初中二年级男生,不再去上学了。情况如前所述,父母对此完全不能理解。母亲不时劝他去上学,但没有用处。父亲忙着公司的工作,无法过多关心这件事,但对孩子的行为当然表示很不满,总是对母亲说"何不对他更严厉地提出要求"。

后来,孩子对母亲说:"只要给我买自行车,我就去上学。"但在当时,要买一辆新的自行车,对于这个家庭的收支情况来说是非常困难的。母亲对于这么贵的东西不太愿意买,孩子就直接找父亲谈判,要求"给我买自行车"。父亲当时没能马上回答他。但经过仔细思考之后,他把儿子叫到自己的房间,与儿子两个人进行了面对面的交谈。

父亲给儿子看了自己每个月的工资单,说明自己辛辛苦苦地工作,一个月只能得到这么多的收入,而相比之下一辆新自行车的价格又是多少。他问儿子,知道这种情况,你还是要自行车吗?儿子吃了一惊。他本来完全不知道父亲的月收入。他原本只是模模糊糊地觉得,家中有相应的钱,只要自己开口要就一定会给自己买。就这样,他直面了迄今为止所不知道的"现实"。

儿子还是不死心,就去自行车店,盯着自行车看。店里的人觉得奇怪,就来问他,儿子就说明了情况。自行车店的店主非常同情他,就告诉他也有"和新车一样"的二手车,并告诉他这样可以便宜多少。儿子兴冲冲地回到家里,再次和父亲交涉。父亲设定了价格的上限,并告诉儿子不管怎么"和新车一样",有时也会受骗。

儿子回到自行车店,经过反复交涉,终于在父亲提出的金额之内得到了一辆二手自行车,他高兴地四处骑来骑去。

不久就精神饱满地去上学了。

• 想要的究竟是什么 •

　　当时,想得到自行车的孩子很多。在有些例子中,也有不上学的孩子提出只要买自行车就去上学,而在买了之后开心地骑了一段时间,结果却还是不去上学。因此,非常明显,"自行车"并不是特效药。那么,孩子想要的,究竟是什么呢? 这一点值得我们思考。

　　我觉得,这时孩子想要的,也许就是"父亲"。对抗现实的父亲。告诉孩子现实的严酷,并相信孩子也能对抗严酷现实的父亲。这对于即将逐渐进入大人的世界的中学生儿子来说是必要的。他自己当然没有清楚地意识到这一点。但是,甚至可以认为,他通过想要自行车并向父亲提出这种要求的方法,安排了一个对自己和父亲而言都正合适的舞台。

　　即使我们觉得孩子的行为无法理解、完全莫名其妙,但仔细观察的话,"处方笺"往往就隐藏在其中。这里非常重要的一点是,这种处方笺往往要在父亲、母亲和教师等注入相当的心力的情况下才有效。

　　倾注心力,是件非常困难的事。因此,有时在这种情况下,父亲会回避与孩子的对决,而勉为其难地去买自行车。但是,只要这是一种试图通过用钱来逃避用心的态度,孩子就算得到自行车也不会开心。他看似如愿以偿地得到了自行车,但开心只是一时的,他同时体味到的是自己最想要的东西没有得到的深深失望,最后就依然不能去上学。

这种情况如果从大人的常识来说明的话,就是这样的:"这孩子老是要买这买那,说是买了就去上学,但是买了之后却还是不肯去。今后再也不会上当了。"说起来也的确是这样。孩子对此也无法反驳。但我却从中听到了孩子心灵深处的呼声:"我已经给了父亲这么多次的机会,他却一再逃避成为父亲。"

• 蛹的时期 •

看了前面这个例子,希望大家不要简单地认为拒绝上学的原因是在父亲身上。要说"原因"何在,答案应该有很多,而且在很多情况下,还是不要过多考虑"原因"比较好。

在对不上学的理解上,作为一种常见的类型,必须提到下面的情况。对人类而言,从孩子成长为大人是非常了不起的过程。就像毛虫化为蝴蝶的过程中必须有一个"蛹"的阶段一样,人在某种程度上也需要"闭门不出"的时期。这个阶段在大部分人身上以某种形式出现在青春期到青年期之间。有时表现为什么也不想做,也有时表现为面朝书桌却根本没有进入学习状态。或者,还有时表现为热衷于看那些本来不屑一顾的小说,除此之外什么也不干。

大部分的孩子仅仅表现为成绩稍有下降,在大人也不怎么发觉的情况下越过了"蛹"的时期。关于青春期的特征,本篇第四章也会谈到,不妨参考一下。总之,青春期对于任何人来说都是非常时期。

这种"蛹"的状态如果以比其他孩子更为严重的形式体现出来,就会演变为不上学,成为名副其实的关在房间里闭门不出。这时,最重要的是尊重并"等待"这种状态结束。时机成熟了孩子就一定会出来,而且,如前所述,这时期的耽搁一定会追回来的。不过,在此期间不丧失希望地等待,确实做来艰难,但这却是最好的"处方笺"。

既然是"蛹",就认为孩子自己会出来的,所以不必理睬,这种想法是不行的。焦躁地捅来捅去也是错误的。如果周围的人能够采取这种难以做到的"不干涉、不放弃"的态度,无疑是最好的,但这也许需要达到多年修行的高僧般的境界。不过不必一定要有这样的悟性,只要温暖地等待。在"蛹"的外壳中,正发生着常人难以想象的变化。

• 自立与依赖 •

在接触不上学的孩子时,我常常不由得意识到"自立"这个主题的重要性。当我问他们空想些什么,他们有时会回答"想要独自出去旅行"或"想要坐船去外国"等。有的在墙上贴满火箭图片。这些都和"出发"的象征有关。但是,为什么他们却与出发完全相反,完全窝在家中闭门不出呢?

　　很久以来,我一直反对把自立与依赖看成单纯的相反概念。在最近的心理学界中,这种想法也得到了认可,令我感到非常欣慰。把自立和依赖看作两个完全相反的概念的人,试图通过消除依赖来达到自立的目的,这是非常错误的做法。只要回顾一下自身的情况,我们就会发现,"自立"了的人,也是一定程度上"依赖"他人的。人只有依赖他人才能生存下去。不过,只有把这样的相互依赖控制在一定程度以内,才可以称为自立。因此,想要自立的人,不是要消除依赖,而是要逐渐学会适度的依赖。

　　在通往自立的过程中,依赖往往非常重要。只有经历了充分的闭门不出和被包容的体验,才能走向下一个出发。刚才提到了"蛹"的比喻,而要理解这里所说的意义,也许设想一下鸡蛋或植物种子更妥当一些。没有相适应的温度等条件,鸡蛋是不会孵化的,种子也不会发芽。即使一直在家里闭门不出,如果没有得到适当的温暖,这种状态一直持续下去也没有什么好奇怪的。

　　就像鸡蛋和种子不知道在自己内部发生了什么一样,可以说,不上学的孩子也不知道在自己内心发生了什么。总之,这种感觉就像是某个时候突然可以去上学了。但可以认为,在其内部一直以来都在不断为自立进行着准备和斗争。

　　一门心思要找出"心理的原因",也许就会成为打破鸡蛋或割破种子去调查里面的内容那样的事。真正的专家是不会这样做的。

• 社会变化之快 •

关于不上学的事例,咨询师和教师们进行了讨论。有人说"母亲在家庭中最强势,在无意识中拉了孩子的后腿",也有人说"作为孩子自立的榜样,父亲的形象太弱小了",这时每个人都开始觉得自己的家庭也有些类似,有人说了一句"明天就轮到我们了",于是我说道:"不,今天就轮到我们了。"大家哄堂大笑。不上学的问题,在现代日本已经成了整个社会的问题。

在本篇的第一章,我谈到了父性原理和母性原理,不妨参照一下。与欧美相比,日本的母性原理更强烈一些。但现状是父性原理也正在不断发展。因此两种原理的冲突引起的摩擦随处可见,不上学也可以看作是其表现之一。

日本人一直对母性评价很高。"母亲"这个词,带有几乎可以称为绝对性的回响。但西方式的父性原理引入之后,个人的自立这一形象发挥强烈的作用,那么"母亲"这一存在就难免会给人以阻碍自立的感觉。因此,现在母性的评价降低了。现代日本人对于母性,带有非常强烈的矛盾心理,一方面总是带着眷恋希望把它留在心中,另一方面又想要干脆地拒绝。不上学的孩子,就是带着这种向两个方向分裂的心情,陷入无法动弹的境地。这样来考虑的话,就很容易理解了。

　　或者,换句话说,在父性原理比以前更多发展的倾向出现的情况下,可以说不上学的孩子就是作为其先头部队在作战。事实上,家里有一个不上学的孩子,家人在苦苦挣扎的过程中,不要说孩子,父亲和母亲也比以前更自立了。也就是说,父性原理开始有所发展,让我们有这种想法的例子越来越多。在这一意义上而言,不上学的孩子可以说是在罹患着社会的疾病、文化的疾病。

• 面向未来 •

　　关于不上学的孩子,很多人在思考"原因"何在。而母亲或父亲往往被视作"原因"。这种想法有时也能发挥效果。但在任何情况下都这么想却是有问题的。而且,认为不上学这种"不好"的事情的发生,是因为家长或教师"不好",这种"寻找恶人"的简单思维往往是没有意义的。

　　从前面所说的我们也可以知道,把不上学的情况马上认作"不好"的事,其实也是武断的想法。有时,由于不上学的孩子,父亲变得坚强了,母亲变得自立了,对母性的体验加深了,考虑到这些情况,我觉得不能把它简单地称为"不好"的事。如果一定要说"不好",不妨像一位父亲所说的那样去理解,这位父亲在不上学的孩子开始去上学之后,说道:"人要变得更好,先必须要变得不好。"

当被问到"原因是什么"的时候,我经常会这样回答:"还是让我们来思考一下,即使不知道原因是什么,我们应该怎么做才能有所改善。"与其回顾过去寻找恶人,不如面向未来,努力找出好转的途径。

而且,正如在"蛹"的例子中所显示的那样,虽说孩子成了"蛹"而不能动弹,但只顾反省自己在"毛虫"时代对其关心不够,也是没有用的。不要去对着"蛹"四处乱捅,安静地等待下去,它就会化为蝴蝶。知道了蝴蝶这一未来的样子,我们就能理解"蛹"的意义。连毛虫化为蝴蝶也需要这么多的辛劳,人类的孩子在成长为大人时,可以毫不费力、风平浪静地完成,这种想法未免有些可笑。

• 静静的革命 •

随着社会的变化,人们的生活方式也在改变。因此,每个人也必须努力改变自己的生活方式。我们这一代的父亲仅仅靠通过工作养活妻子和孩子来完成作为父亲的职责。但是现在父亲在家庭内的职责变得更重了。孩子们开始期待拥有本篇开始所提到的西方式父性的父亲了。

与其等到孩子不去上学了、逼着父亲对决的时候再惊慌失措,不如在这之前进行一下改变作为父亲的生活方式的努力,这样更能防患于未然。与其由于"斗争"而改革,不如提前推进"静静的革命",才是上策。当然这需要相当的精力,但却是必不可少的。

　　不愿付出精力的家长，就会把自己的努力束之高阁，要把孩子送到"风之子学园"之类的地方。虽然看上去出了钱，也为孩子做了一些什么，但其实难道不是一种"弃子"行为吗？当然，这种说法有些过于片面。这是因为，作为家长，毕竟是为了设法让孩子"变好"才这么做的。但是，这种操之过急的做法是切忌的，从前面的内容中我们应该也能理解这一点。

　　我说过，"不丧失希望地等待"，是重要的"处方笺"之一，但也许有人会说，在孩子不去上学的时候，怎么能够这样若无其事呢？在这种情况下，即使这是最好的做法，往往也需要专家的帮助。只有在专家的展望和这种态度的支持下，真正意义上的"等待"才成为可能。

•作为教师•

　　前面主要从与父母的关系来探讨了不上学的孩子的心理，当然，教师对这样的孩子的理解也是非常重要的。教师不把孩子的状况当作偷懒或"古怪"，而是认为总有一天会从"蛹"的状态中脱离出来，当孩子知道这一点，就会觉得心里很有底气。有时，孩子好不容易脱离"蛹"的状态，想要去上学了，但由于教师的态度太冷淡，或被班级里的同伴看作"古怪"的家伙——这种情况可以在教师的指导下改变——受到了很大的伤害。为了避免由于这样的原因而使孩子的人生道路扭曲,教师必须多多留意。

不过,把"最好不要给孩子刺激"当成绝对正确的,结果什么也没有做,这也是不好的。当上学的刺激是强制性的,往往会产生负面结果,但如果作为"期待"的表明而进行,则往往带有正面意义。症状较轻的时候,有时老师只要"等待"孩子就会去上学。困难的时候,一点点刺激孩子是不为所动的。即使在这种时候,也不要完全放弃,还是要对孩子说些什么,哪怕一个月只有一次。

严重的情况下,可以找我们这样的专业临床心理师来咨询。这时,家长和孩子本人应该理解,并不是因为孩子"异常"而请"心理学家"就诊,而是专家可以成为孩子很好的理解者和交谈者,必要时还要告诉孩子"老师也陪你一起去",或"去专家那里试试看,如果不喜欢的话不去也行",尊重孩子的自主性,这样很多孩子就会愿意去咨询。

在以我为主的京都大学心理教育咨询室中,就有这样的案例,家长、孩子和任课教师一起以这种形式来咨询,在全体人员的努力下,成功地促进了孩子的成长。经历了这种协作关系,作为教师也能非常具体地知道今后应该怎么做。

敞开心扉去接触不上学的孩子,我们有时会感到,从在班级受欺负的问题到学校内的所有问题都压在了孩子的肩膀上。这时,必须以此为引导(并不是说放任它是正确的),

不慌不忙地处理班级和学校内的问题是必要的。由此,我们
不仅能超越一个孩子变得来上学了这件事的本身,而是完成
了一件在教育上极有意义的工作。我曾经表示过不上学是
文化的疾病、社会的疾病,需要引起大家注意的是,它有时也
是班级的疾病、学校的疾病。

Ⅳ　心灵成长的环境

1. 孩子的伦理与道德性

孩子的伦理与道德的问题，是现代日本教育所面临的极其困难的课题之一。很多人悲叹孩子们道德的低下，也许因为这个原因，自 1985 年以来，日本在小学开设了"特别道德"课。但由此引出的反对意见也很激烈，可以说这种反对至今仍根深蒂固地存在着。实际上，在小学教师中，也有人提出不知道该怎样进行道德教育，或者认为它毫无意义。也有一些老师对此深感烦恼，因为找不到答案而不知所措。

总之，在这样的情况下，设置了"特别道德"课，并逐渐实施至今，这都是事实。只是，作为现场的教师，往往在道德教育的课堂上感到矛盾和疑惑。

另一方面，在学校中还存在着"欺负弱者"、暴力以及自杀等问题，对此也有人力主提高孩子道德的必要性，但一般来说，这样的人往往并不是直接在教育现场工作的人，而是周边的人。这也反映了这样的一个事实，即这种主张即使得到很多人的赞同，但一旦在现场实行，往往会遇到很多困难和疑问。

　　究竟现代的孩子拥有怎样的价值观，如果对这些孩子进行道德教育的话又要留意些什么呢？ 在进行抽象的讨论之前，我们还是先来看看现代孩子的实际情况。

・孩子的眼光・

　　在大人对孩子的道德性指手画脚的时候，孩子们也在仔细观察着大人。说起来，对孩子而言大人是孩子成长过程中的模仿对象，所以这也是理所当然的。由于工作原因，我也直接或间接地听到了一些孩子对大人的看法，有时这种观察的敏锐令我吃惊。这里我就不谈这样的一些场面，而是想要提出小学一年级学生所作的诗作为讨论的素材。

　　这里探讨的鹿岛和夫《致一年级一班的老师续编》（鹿岛和夫编，理论社出版）是小学一年级老师鹿岛和夫收集了他所教的孩子们的诗而汇编成的。鹿岛当然没有从与"道德教育"的关联上进行过思考。在鹿岛对小学一年级学生开放的态度的支持下，孩子们学会了自由自在地表达自己，并收获了他们这些精彩的诗句，这一点后面也将进行论述。从孩子们的"生活"当中，诗歌自然而然就会产生出来。

　　我们赶紧来引用一下其中的一首诗吧。这首诗的标题是"人"，讲的是"了不起的人"应是怎样的人。"了不起的人"

也关系到对孩子而言的理想形象,因而也与道德性的问题
有关。

> ## 人
> 中谷祐介
>
> 比起了不起的人
> 温和的人更了不起
> 比起温和的人
> 穷人更了不起
> 为什么呢
> 因为穷人
> 坚强地在寂寞之中
> 坚强地生活下去

　　作者中谷祐介按照小学一年级相应的方式对"人"的生
活方式进行了观察,然后加以自己的价值判断,写下了这首
诗。关于人的生活方式的价值判断,也就是价值观和伦理观
的问题。值得注意的是,小学一年级的孩子不是依据一般的
价值判断,而是在堂堂正正地叙述着自己的判断。这在开始
的表达中就可以看出。也就是"比起了不起的人,温和的人
更了不起"(着重号为笔者所加)这一句。这里"了不起"这个

词重复了两遍,中谷很好地分别运用了这个词。

前一个"了不起"是一般人所谓的"了不起",后者则是自己所判断的"了不起"。前者的"了不起"的人,指的是校长或大臣等一般人认为了不起的人。中谷认真观察了大家认为"了不起"的人的生活方式,同时观察其他人的生活方式,在此过程中,他得出了一个结论。这个结论就是"比起了不起的人,温和的人更了不起"。

在一开始提出自己的判断之后,又说出了自己更想说的话。虽然最初的判断是"温和的人更了不起",但接下来并没有向着"最温和的人是最棒的"这个方向前进,而是出现了一个耐人寻味的转折,这种转折避免了诗的平板化。中谷大胆地指出"比起温和的人,穷人更了不起",让读者产生"为什么"的惊讶。"温和"的后面出现了"穷人",这种接续让人摸不着头脑。给读者以这种冲击之后,说上一句"为什么呢",然后再次明确表明了中谷自己的价值判断:"因为穷人,坚强地在寂寞之中,坚强地生活下去"。的确,"在寂寞之中坚强地生活下去"是非常值得赞赏的,他们就是"了不起"的人。这就是中谷想要强调的。"坚强地在寂寞之中"这句话在语法上看来似乎有些不对,但看了后一句的"坚强地生活下去",就能理解前一句中的"坚强"了。中谷为穷人们"坚强地生活下去"的姿态所感动,这种形象在他的心中跃动不已。在开始写到"穷人"的时候,"坚强"这个形容词就一直在心中跃跃欲试,就连在写"在寂寞之中"的时候,也忍不住脱口而出。

鹿岛老师对中谷的心情非常了解,因而没有对"坚强地在寂寞之中"这句话进行增删,使之更符合语法,而是直接刊登了出来。在最后两行"坚强"这个词的重复之中,体现出了中谷的心意。

如果从"富人"更为"了不起"的观点出发——大人似乎就是这么想的——穷人就不是"了不起"的人。中谷基于自己的体验,对这种观点进行了抗议。把"在寂寞之中坚强地生活下去的人"定义为"了不起",其中表明了中谷的伦理观。其价值判断,是由中谷的温和支撑起来的。

• 孩子在看着 •

再来引用一首诗。这首诗的标题是"孩子",是孩子对于大人的情形提出的一个很大的问题。

孩子

峰幸义江

大人们总是说

要是没有孩子

早就离婚了

想要分开

有孩子的话

会有影响吗

大人的话语

总是搞不懂

　　原诗是用神户方言写成的，但是大意应该可以理解。中谷非常明确地提出了自己的价值判断，而峰幸则可以说是通过"大人的话语，总是搞不懂"这种说法，向大人提出了一个问题。

　　大人们总是说没有孩子的话就会离婚。要是想要离婚却因为有孩子而做不到，孩子就成了妨碍父母做自己想做的事的存在。但是父母有时候又会说再也没有比孩子更可爱的了，究竟是怎么回事呢，大人真是一种难以理解的存在。可以说，在这里，小学一年级学生指出了大人的自私自利。

　　一旦开始引用孩子的诗，每一首都非常耐人寻味，几乎令人停不下手来。最后再举出一首诗，这首诗不需要任何解说，只要读一读，就足以令我们不由得对大人的道德性产生反省。这也是小学一年级学生的诗。

遵守约定

武田信隆

"人是一种知道得多么快

实行得却多么慢的生物啊"

——歌德

在洗手间的日历上这么写着

爸爸读给我听

我却一点也听不懂

爸爸说

"答应了的事情一定要做到

必须为自己所做的事情负责"

他这样告诉我

我还是不知道是怎么回事

爸爸自己没有做到的事情

不是也有一大堆吗

　　武田看到洗手间里"歌德"所说的难懂的话,陷入了思考。父亲非常热情地用简明易懂的话进行了解释,武田却感到更加不明所以了。爸爸也做不到的事情,为什么"歌德"却郑重其事地提出来呢? 大人为什么要把自己也不能实行的事情,贴在洗手间的墙上呢?

　　小学一年级学生的道德性,仅仅从这里所举出的三首诗来看,也应该说是相当高的。相反,对于这三首诗所提出的伦理性的质问,又有多少大人能够给出可以接受的答案呢?这一点值得认真地思考。说老实话,只有做到这一点,才可以说进行了道德教育。道德教育的本质在于,进行这项教育的大人不可以有任何虚假。如果有虚假,就等于动摇了道德教育的根本。

　　看了这首诗——以及这里没能引用的更多其他的诗——我们甚至会觉得,孩子的眼光比大人的眼光更明确地抓住了人的伦理的本质。当大人们活在充满虚假的人生中时,孩子们以清澈的目光在一旁注视着。这样说来,学校中的"道德教育"课,也是教师从孩子们身上学习的时间。

•什么是道德•

　　如果说孩子是用比大人更为透彻的目光观察事物,那么在学校的"道德教育"课上教师又该怎么做呢? 这样我们就自然会产生这样一个问题:道德教育究竟是怎么一回事呢? 要回答这个问题,首先必须思考一下道德和伦理究竟是怎么一回事。

　　前面说过,道德教育课是教师从学生们身上学习的时间,这一点也许有人承认是片面的真理,但恐怕没有人全面赞成吧。教师也有必须教给学生的一面,这也是事实。关于这一点又该怎样思考呢?

所谓道德,简单地说,就是人在生存上必须遵守的规则的总体。因此,其中也有一些是随着时代和文化而不同的。用极端的例子来说,当信号灯变成红灯时不可以乱穿马路,有的文化圈绝对需要知道这一点才行,也有的文化圈完全不必知道这一点也可以放心地度过一生。也许有人会说,举出这种琐碎的例子不合适,只要说上一句遵守交通道德很重要不就行了,但如果满足于这样的一般论,岂不是只要说上一句"道德很重要"就万事大吉了。

正因为道德与生存密切相关,它才会拥有两面性,一方面只有带有关乎极小细节的具体性才能理解,另一方面又极其抽象而一般性地被叙述。换句话说,在与外界的关系上,具体在这种情形下应该怎么做,或应该遵从怎样的规则,这是接近习惯或法律的一面;此外还有另一面,是这件事在内心对于自己这一主体而言被怎样赋予价值和体系化,这是接近宗教的一面。而道德教育的难点正是在于,所有的这一切都必须被考虑在内。

还有非常重要的一点,孩子们按照他们的方式,很早就知道"正义"和"勇气"之类是好的,但不知道应该怎么称呼它们,也不知道怎样可以把它们一般化。因此,在道德教育中,当被教到"正义"、"勇气"非常重要时,只不过是赋予孩子早已具体知道的东西以明确的"名称"而已。这时,教师必须清楚地知道"赋予名称"这件事意义何在,又有什么样的意味。

所谓"赋予名称",是人类把自己的"所知"运用在自己的东西上,这是极其重要的。各种各样的东西,即使知道它们的特性和用途,如果不知道它们的名称,还是非常不方便。在这一意义上,教给孩子"正义"这个名称以及做正义的事不仅非常重要,也是很有必要的。由于"正义"这个名称,把存在于孩子们心中的各种以具体形式存在的体验总结在一起,并在自己的心中有了明确的位置。

不过,可以说任何事情都有消极的一面,赋予名称也有其负面因素,这一点教师也必须知道。这是因为,通过赋予名称,就会变得僵化,对以后拥有灵活的思考和态度带来妨碍。例如,我们通过战争中的体验就可以知道,由于"爱国心"等以僵化的形式被灌输进来,有多少日本人度过了不幸的人生。

虽说僵化的道德科目会带来很大危害,但如果完全放弃"赋予名称"这件事,人类的思考就无法前进。不过,在日常生活中,记住诸如"铅笔"之类的名称是非常方便的,可以让事情进展更顺利,但教师必须清楚,这些名称和"勇气"等还是不一样的。

"勇气"这个词与"铅笔"截然不同,随着孩子们环境或年龄等的变化,其色彩也会相应发生变化。这里使用了"色彩"的变化这种表达,而关于其"本质"是否发生变化这个由此产生的难以解答的问题,这里就不作探讨了。我更想强调的非常重要的一点是，教师必须认识到，这些概念和名称的存在，往往蕴含着这种困难的、甚至教师自身也很难回答的问题。

• 在生存之中 •

要避免道德教育的僵化，最好在孩子们生活的场面中让他们领悟道德的重要性，这一点大家都会想到。每个人都会同意，道德教育是以学校的教育活动整体进行为基础的。例如前面举出的孩子们的诗，虽然伦理性非常高，但相信绝不是在"道德教育"课上让他们写成的，任课教师应该也没有作为道德教育的一环而让孩子们写诗的初衷。在每天的生活中，孩子们情不自禁诉诸语言的、让孩子们觉得非常奇妙并油然产生想要将其化为语言的心情，就成为诗。可以说，正是因为这个原因，其中的伦理性才会令我们感动。

在道德教育中孩子们对自身生活的重视，今天甚至已经成了一种常识。这种观点，必然会关系到对所谓"特别道德"课的反感。为了深入思考这个问题，我们就生活与道德来进行一下考察。作为批判"特别道德"课的根据之一，有一种观点认为它和曾经的修身课教育是一脉相承的。

柴田义松在对"特别道德"课展开的批判之中（《道德课可以成立吗》《岩波讲座　现代教育学15 孩子的生活与道德》岩波书店出版），谈到了修身课教育，引用了在1930年前后已经对修身课教育进行了明确批判的岩濑六郎的话。岩濑对于"以教科书为中心的修身课,乃至通过教师讲故事来吸引和感动孩子的修身课"非常轻蔑,说了下面的这番话。这也可以认为是现在那些针对重视生活的道德教育进行思考的人们的基本姿态,因此在这里我们再次引用一遍(柴田引自岩濑六郎《修身教育的新体系》)。

> 我们应该怎样养成孩子的道德知识呢? 应该怎样引起孩子不局限于当场的感动呢? 应该怎样训练孩子,让他们总是可以产生正确而强大的道德欲求呢? 回答所有这些难题的教育之道,只有生活指导。在让孩子们生活的过程中,训练他们总是把道德知识、道德情操和道德意志形成一体,强大而正确地发挥作用。这就是生活本位的修身训练。

> 从生活出发,归于生活。也就是在生活中一以贯之,这就是修身教育的真谛。

> 伟大故人的言行,即使只有对生活而言才有感化力,对于那些只享受修身课的儿童而言,如果只是追求一时的娱乐,就等于是在看戏了。

在1930年就已经提出了这样的主张,并强调道德与生活之间关联的重要性,不得不说是非常了不起的。不过这里我不太敢苟同的是,这里过于狭义地定义了"生活",而对与

之相对的"看戏"却过分轻视了。这种想法恐怕是认为,哪怕
为戏剧之类的非现实的事情而感动,一旦遇到现实,这种感
动也会立即消散,因而只有现实的生活才是重要的。这种想
法未免太简单了一些,让人不由觉得过于片面地去思考现实
和生活的复杂性了。

虽然这里用"看戏"这个字眼表示了对"戏剧"的轻蔑,但
不必一一举例我们也知道,包含"戏剧"在内的很多艺术作品
给人类的行为带来了多大的影响。相反,这里一再强调了生
活,但我马上就可以举出只能达到与岩濑所谓"看戏"的效果
相同的例子。日本的军队在生活的场面中应该被彻底教会
了有纪律地行动,但到了紧急关头却没有按照纪律行动,这
样的例子也不胜枚举。从中不难理解道德的建立的确是非
常难的,无论采用什么方法,都不是一朝一夕可以达成的。

不说生活,就说在人类的生存上,其中也包括了类似看
戏的情况。游戏、艺术、空想,以及所有的一切,都有必要被
认为是人类生存意义上的道德理念。"看戏"所带来的感动,
有时完全可以成为支撑道德行为的力量,也有时每天在生活
中说个没完没了的道德经,其实却什么也没有学会。只有带
着相当全面而综合的眼光去看待,我们才不会把道德教育局
限在狭小的框框之内。

艺术作品带来的感动,正如"感动"这个词所显示的那
样,是给感到这一点的人以某种"变动"。但是,这种"变动"

是怎样发挥作用,又是怎样与现实相关的,与这个人的个性有很大的关系。

在道德以外的科目中,如果想要"教导"什么给孩子,例如在教 2×3＝6 时,教师可以直接传授给学生,而不用管学生的个性如何。学生是否正确学会了这种知识,教师也可以通过测验等形式来检验。

而相比之下,在实施道德教育的情况下,当教师的话带来"感动"时,就会关系到教师与孩子的个性,这是不同于数学那样把同样的东西教给所有的孩子的。这里发生了"变动"的传达,但它却不必是一模一样的。我们毋宁说,只有随着个性的不同而以不同的方式接受,才是有意义的。

如果不清楚这一点,教师就会试图以教其他科目的方式方法来进行道德教育,结果只会罗列整齐划一而没有个性的道德科目,丧失了真正的道德教育的意义。

• 人格发达与道德性 •

可以认为,人从出生时开始就在"发育成长"。先不考虑这里的"发育"究竟意味着什么,总之,观察人在每个年龄段的变化,随着身体的不断长大,运动能力和知识能力也在不断提高,我们理所当然地把这些统称为"发育成长"。在心理学上"发展心理学"这个领域是非常重要的存在。而基于发展心理学的成果,就可以思考应该在几岁的时候以什么样的方式教育孩子。

这种观点在考虑孩子的教育并编制大纲上是极其有效的。因此，即使在道德教育上，清楚地了解孩子道德性的发育，也被认为是重要并且是理所当然的。而实际知道这一点，对于教师来说也是必要的。

关于孩子道德性的发育，田中孝雄先生已经发表了论文（《道德性的发育与教育》），其中概括了迄今为止的研究，详情请参照他的论文。这里我想在此基础上展开论述之前，先就道德性的发展简单地讲上几句，因此接下来就参考田中先生的论文，简单地介绍一下要点。

作为明确提出关于道德发展的基本意见的人，首先不得不提到的是皮亚杰①。他对怎样评价孩子的过失、偷盗、撒谎等进行了实际调查，通过分析，依次从他律到自律、客观责任到主观责任、服从权威的正义到平等公正的正义这些角度，对孩子道德性的发展有所掌握。

也就是说，他发现，孩子最初是他律的，由行为的结果而作出善恶判断，认为服从权威是正确的，而随着发育成长，他们变得更为自律，并且比行为的结果更注重通过意图和动机作出善恶判断。相比于服从权威，他们会成长为认为平等和公正是正确的。

---

①　皮亚杰，Jean Piaget(1896～1980)，瑞士发展心理学家。

皮亚杰的这种观点,可以说至今在大体上仍然得到承认,但英国的诺曼·布尔①进行了如下的批判(详情请见诺曼·布尔著、森冈卓也译《孩子的发育阶段和道德教育》)。

皮亚杰的观点中有很强烈的将道德性的内容和社会性的内容同等看待的倾向,对此,布尔试图把孩子的社会化成长和道德性发展区别开来思考。布尔强调了存在于"社会律"之上的"自律"的价值,他指出:"道德的进步,由个人挑战一般通用的道德律的自律良心引起。这种挑战必须有超越社会的因素。这种挑战从自律良心中产生。"

基于这样的看法,作为道德性发展的大致阶段,布尔将其划分为四个阶段:(1)"前道德"的阶段;(2)"外在道德"、"他律"的阶段(七至九岁);(3)"外在—内在道德"、"社会律"的阶段(九至十一岁);(4)"内在道德"、"自律"的阶段(十一岁后)。

这里写得非常简单,但大人懂得这种阶段是非常重要的。否则,对孩子抱有与年龄不相应的期待,就会让孩子混乱或增加负担,或者犯下虽然孩子已前进到自律的阶段,却由于教师的权威把道德评判强加于孩子身上的错误。

• 对发展阶段说的反省 •

如上所述,懂得孩子的发展阶段是非常重要的,但大人

---

① 诺曼·布尔,Norman J. Bull,英国德育专家。

们还必须知道,这里有一个极其危险的陷阱。我们再来看一篇小学一年级学生的诗。

如果我成为神
上野幸子

如果我能成为神
当有孩子受到欺负
我会帮助他
当有人身体残疾
我会治好他
当有人眼睛看不见
我会给他眼睛
当有人说不出话来
我会让他开口
当有人手足不能动
我会让它动起来
在这世界上
有很多弱小的人
就是因为没有真正的神

上野幸子一直观察着世上的情形,根据自己的判断,作出了"就是因为没有真正的神"这一严厉的断定。在这种断定的背后，存在着上野的道德性判断。她认为"人本来就应该是平等的"，"如果有真正的神，给人带来不平等岂不是很奇怪的"。这种判断，是皮亚杰和布尔等所说的"他律"阶段的女孩子所作出的，对此我们应该如何看待呢？要说这是因为她在道德上特别发达，答案也是不对的。从前面所举的诗中可以看出，在这些一年级学生的诗中，可以找到很多自律性的道德性。

这里我要谈论的并不是上野的判断究竟对不对，我想要指出的是，她以自己的力量作出了判断这样一个事实。

也许有人会觉得这大约只是在模仿任课教师的话。对于这种想法，我不得不说，请从头到尾阅读一下这本诗集。读了就会发觉，其中也出现了对任课教师极其自由的意见和判断。也就是说，这本诗集告诉我们，小学一年级学生也能在相当程度上作出带有自律而公平的态度的道德判断。

我们这些专门从事心理疗法的人，往往较多接触那些被称为"问题儿童"的孩子。这时，当我们敞开心扉靠近他们时，就会发现这些孩子对于其家长和教师作出了极其尖锐而准确的道德判断，并为之感到惊奇。当这样的孩子说"××老师嘴上说了很多，其实根本不是真心"的时候，可以认为他是在对这位教师作出道德评价，认为这位教师并没有采取自律性、主体性的负责行为。而这种判断往往是正确的。

　　田中先生也指出了发展阶段论的另一个陷阱,在皮亚杰的观点中,有一个特点,这就是"知识的发展和道德的发展的'并行'"。为此,教师在知识发展上比学生处于优势地位,因而很容易就会产生自以为在道德性上也高于学生的想法。或者,有时会犯下把学习较落后的孩子轻率判断为道德性低下的孩子这样的错误。

　　从这样的观点来看,甚至可以认为道德性与人的"发展"并没有关系。小学一年级学生的道德性,甚至可能超过家长和教师。但另一方面,皮亚杰的学说并不是完全思辨性地进行的,而是基于调查和观察而创立的,因而也很难说皮亚杰的观点完全是错误的。我们应该如何解决这种两难推理呢?

　　这里需要注意的是"发展"这个概念。人的身体和知识能力是阶段性发展的,没有特别严重的事件是不会逆向发展的。但是,"道德性"这一关系到人的内心的东西,应该认为与它们的"发展"有着质的差异。首先,它是一种即使达到某种水准也很容易逆向发展的东西。所以达到了某种"阶段",也并不值得欢呼雀跃。

　　其次必须注意的是,皮亚杰等人的研究是关于孩子的"道德判断"的,而不是道德性本身。而且,不能忘记的是,这种"判断"在一定程度上是在大人设定的状况下,在用语言表明判断的前提条件下进行的。例如,前面这首关于"神"的诗,如果是认为"神绝对存在"的大人,只按照这个标准进行

判断,就会得出上野的道德水准很低,或道德判断不正确的
结论。

皮亚杰的研究方法本身,引出了大人容易理解的"发展
阶段"。只要是用这种方法进行研究,就必然会得出"知识的
发展和道德的发展是并行的"这一结论。这里让人忧虑的
是,大人所设定的道德判断的发展的研究,很容易被偷换为
道德性的发展的概念。如前所述,教师必须在皮亚杰所说的
意义上,了解孩子的"道德判断"在一定程度上是阶段性发展
的。但是,如果一味依赖这种看法,就会丧失孩子"道德性"
的本质。

・教师的态度・

要懂得孩子的道德性,教师必须对接触孩子的方法进行
反省。这里举一个实际发生过的例子。

成绩相对比较好的小学四年级学生 B 君,一大早就显得
有些心神不定。任课老师提问,他也完全答不上来。总之,
他漫不经心地听着老师的话。教师受不了了,就让他站到教
室后面去。但 B 君恍恍惚惚的态度仍然没有好转。再次向
他提问时,他还是一句也不回答。面对站在后面仍然对上课
毫不热心的 B 君,教师气坏了,对他大吼大叫。

其实,B 君在前一天夜里偶尔醒来,听到父母在吵架,甚
至谈到了离婚,最后还互相把照顾 B 君的任务推给对方。这

样的一天他当然会过得心不在焉心思恍惚。我觉得，老师的问题在于，在这种时候，当平时成绩比较好的 B 君不能集中精力上课，老师在作出"不好"的判断之前，应该抱着"怎么回事"的疑问，并能从容地问上一声"怎么了"。当然，对于教师的提问，B 君也许并不会马上说出自己的秘密。但是至少可以避免在听到父母离婚之后，又被老师判定为坏学生，以致心灵受到更深的伤害了。接下来，在很长的时间里，B 君因为强烈的对人不信任感而苦恼不已，也是可以理解的。

但是，如果不知道 B 君的这些情况——而这往往不为任何人所知——教师所采取的态度就没有任何值得责难之处。在课堂上态度不认真，为了提醒他注意而让其站到后面，却还是处于心不在焉的状态，把这样的学生评判为"不好的"，教师的这种道德判断似乎并没有错。

但问题的本质不是道德判断。道德性本身与怎样生活下去有很深的关系，而如何生活下去，必须以对"生活"的"敬畏"之情作为后盾。平时表现好的学生，处于心不在焉的状态。在单纯地把这判定为"不好"之前，先要思考一下这种状态究竟意味着什么，体现的是什么，只有带着这种慎重的态度去接触孩子，才能接触到道德性的本质。而只有当教师采取这样的态度时，孩子的道德性才会体现出来。

前述这些小学一年级学生的诗，都体现出了极高的道德性。其理由是，任课老师鹿岛和夫对待孩子的态度总是宽容开放的,一贯采取的是尊重孩子心灵自由的姿态。

在《致一年级一班的老师续编》中,鹿岛老师是怎样对待一年级孩子的,在"解说"中写得很清楚。这里就不重复了,总之,从中可以看出尊重孩子自由表达是他的一贯态度。其中记述了这样一些有意义的故事,在班级里一言不发的孩子逐渐解开心结,用诗歌进行自我表达,终于说出话来。被称为情绪障碍儿童的孩子逐渐被同学接受,自己逐渐克服障碍的过程,也通过诗歌表现了出来。通过这些我们不由深深地感到,对于"知识的发展和道德的发展的'并行'"这种观点,我们必须加以强烈的限定。

• 作为屏障的道德 •

前面强调过,用自由开放的态度对待孩子,在发现孩子道德性上是最有用的。这种想法极其重要,但需要注意的是这里同样也存在着认识上的陷阱。有些人可能会觉得,如果要"让孩子自由",不仅"特别道德"课没有必要,甚至对孩子进行提醒和教导也是有害的。关于这一点,我们可以更深入地探讨一下。

我们来看一个例子。在某初中有一位男生要对教师使用暴力。这时,另外的教师从中拉开,阻止了他,后来,这位男生比较尊敬的教师一对一地找他谈话,问他为什么作出这种事。男生说,不管自己作出什么坏事,那位老师从来都不会责骂他。为此他感到不满,这种不满爆发出来,结果就成了这样。

这位男生是所谓的"臭名远扬"的学生,经常违反校纪校规。差点受到他暴力袭击的这位老师也知道这一点,因此即使这位学生在他眼前做坏事,也视而不见。我们应该知道,这种态度,与前述的允许学生自由表达或教师敞开心扉接触学生,是似是而非的。因为视而不见,是从与对方真正的关联中逃开。如果允许学生自由地表达,教师必须尽全力与学生产生关联。只有拥有真切的关联并尊重对方的主体性,才是有意义的。甚至可以说,殴打老师的学生,就是因为教师不太和自己产生关联,于是哪怕诉诸暴力也要让老师转向自己的方向。

但是,关于这一点如果我们不慎重对待,一不小心就会被理解为采取了肯定暴力的态度。

我们首先来考虑一下青春期的心理状态。青春期在人的一生中,确实是非常重要的时期。作为孩子成长至今感到已经达成了一定的成熟度,这时又开始面临作为成人的"性"这个严重的课题,这是一种相当于强烈地壳变动的体验。这一时期的孩子们的主观体验,甚至可以说几乎无法用语言来表达。总之,他们隐隐约约地觉得,自己的内部正在发生着不可言喻的变化,而迄今为止的生活基础正在逐渐崩溃,他们为此感到一种说不出的不安。

　　这种时候,孩子就会突然想要去做一些与以前完全不同的事,或者把原来所获得的东西加以破坏。当然,他们一方面知道不能做这样的事,一方面却又无法抑制内心涌现出来的冲动。在这种状态下,青春期的孩子就会作出一些蠢事来,事后想想,自己也不知道为什么会这样做而感到无比愕然。但是,这个时候,在原本形成的道德判断之间还存在着一定程度的平衡,所以他们可以不作出过于危险的事或过于严重的坏事而度过青春期。不过这个时期是相当微妙的,稍有不慎,甚至会发生夺去生命的残酷事件。

　　在青春期,对于内部产生的冲动,本人必须进行一定程度的控制。直接接受它的话,破坏性实在是太强了。这时,道德就发挥出了防守屏障的作用。学生们明知不对,出于无可奈何的心情,还是想要进行某种坏事。这时,如果有人明确指出这是不对的,并制止这种行为,他们虽然会因为自己想做的事被阻止而流露出不满,但同时在心底里却是松了一口气的,甚至会感到欣喜。

　　或者,说得更为极端一点,甚至可以说,他们一边做着各种坏事,一边却在心里期待着有什么人来认真地阻止自己。这样来考虑的话,我们就能理解在前面所举的例子中,为什么学生会为"做了坏事老师却不生气"表示不满了。不过,在这个例子中,这位差点受到暴力袭击的老师后来辗转听到这位学生的话,心想原来是这么回事,就在这个学生做坏事的时候责骂了他,结果被这个学生顶撞了,并真的挨了一顿揍。这个学生明明自己那么说,结果真的责骂他却又被顶撞,看来无可理喻,但其实学生所说的"想要老师责骂自己"的潜台词是,"希望老师与自己产生关联",老师应该做的是对此作出理智的回应。既然想要责骂学生,那就狠狠责骂一顿好了,但以这种漫不经心的态度面对,是不能解决任何问题的。

• 屏障的意义 •

　　面对青春期的孩子时,对于从他们心灵深处涌现出来的冲动,大人必须要有成为屏障挡在前面的心理准备。只有撞上了这样的屏障,破坏性的能量才能转变为建设性的。这与其说是针对孩子们所带来的破坏性,保护社会和已有的体制,更不如说是有着保护孩子自身安全的意义。青春期的孩子往往会变得很有破坏性,当他们形成团体时,说服和谈判就几乎没有任何意义了。在此之前,道德的存在是阻止这种行为的一道有效的屏障,而作为道德的守护者,大人的存在也是必不可少的。

　　但是,如果教师对前述的开放而自由的态度以及理解学生的态度认识得太过浅薄,就会过于宽松,缺乏作为屏障挡在学生前面的力量。所以要同时拥有这些乍看上去正反两面很难同时成立的态度,是初中教师的难为之处。

　　如果对作为屏障这件事产生误解,就会觉得严格管束学生是最好的做法。其实,屏障只是牢固地站在那里,把撞上来的东西弹回去,自己是不会动的,也不会管束别人。我们心中必须牢记的一点是,不能把道德当作鞭子来用,而是当作屏障来用。面对那些猛力撞上来的青春期的孩子,要一直成为绝不动摇的屏障而矗立,教师自己也必须拥有相当牢固的道德性。

如前所述,屏障有着防守的作用。但另一方面,它也有阻碍进一步前进的特性。屏障所拥有的这种两面性,恰如其分地体现了道德的困境。也就是说,道德如果过于僵硬而不变通,可能就会妨碍新的发展。在青春期的孩子们面前——当然在大学生中也有些人还处于青春期阶段,这时也是一样——大人作为纹丝不动的屏障站立着,这也许就意味着对新的发展的阻碍,我们必须意识到这种两面性。我们还是用屏障来比喻的话,作为孩子的防守者而站立的屏障必须是有生命的。必须是可以与对方进行感情交流,可以重新思考自己的方式的屏障。

刚才介绍的布尔的道德性发展阶段讲到,从第三阶段的"外在—内在道德"、"社会律"的阶段(九至十一岁)到第四阶段的"内在道德"、"自律"的阶段(十一岁后)是直接变化的,在十一岁后就开始有了"自律"的道德。我觉得,在这两个阶段之间应该还有一个过渡期,在这期间,孩子们撞上"屏障"的体验是非常重要的。

这种发展阶段式的观点,如前所述,对于把握大致的整体状态非常有效,把从"社会律"到"自律"的过渡期理解为青春期,把这种情况下的"道德屏障"的意义作为思考的点也是非常有效的,但从实际情况来看,"他律"与"自律"的相反关系,从年龄相当小的幼年期开始就已经存在了。因此,虽然前面强调了作为青春期的屏障的道德的意义,但其实这些在孩子成长的整个过程中都是适用的。只不过不像青春期表现得那么明显罢了。即使在小学低年级,在道德课上,教师也应该在授课的同时就刚才所说的"屏障的两面性"进行思考,这对于孩子未来的成长是至关重要的。

● 国际化所带来的 ●

前面已经说到,布尔批判了皮亚杰的道德发展阶段论,主张不应该把道德性的内容和社会性的内容同等看待,指出了"个人的自律良心"的重要性。个人在自律性地行动时,正如布尔所说,这就成了以超越社会为目标的挑战,不得不说这种理论是极具创造性的。在这一点上,我们来深入探讨一下。

在现代,国际交流的机会急剧增多,与不同道德观的国家的接触也增加了。当我们遇到与自己觉得不言自明的道德观完全不一样的东西时,把它判定为不正确的或奇怪的,当然是最轻松不过了,但如果也要尊重其他的观点,就会出现难堪甚至痛苦的状况。可是,只有忍受这种状况,进行彻底的思考,才有可能创造新的道德观。与不同的道德观接触会带来什么,作为其例子,我想要再次回顾一下我们多次谈到的归国子女的案例。

接触这些案例,我感到遗憾的是,教师总是过于轻易地把所有的学生同化于一同化,把归国子女当成坏人或麻烦。我并没有主张归国子女的道德观是正确的,而日本的是错误的意思。不过对于教师,我期望的是,应该认识到在地球上存在着与自己完全不同的道德观,不能简单地断定谁对谁错,此外还应该了解,虽然我们觉得自己已经西化,但我们和自己所认为的西方,在生活方式上有很大的不同,彼此生活在不同的道德观之下。明确了这些,如果能在班上积极讨论究竟要怎样才能让归国子女与本国孩子真正建立良好关系,这才是真正的道德教育,甚至可以由此进行创造性的道德教育。

在道德教育的道德科目中有一条是"不屈不挠"。不轻言放弃地努力无疑是重要的,这一点应该没有人不赞成。但是,在归国子女(大泽周子)谈自己体验的作文中却有这样一段话:"在海外的七年间,我总是对自己说,不放弃是很重要的,并一直为此努力。如果我放弃了,如果我半途而废,就不会有现在的我。但在日本,也许我必须学会的是,放弃也是很重要的。"

看到这里，我不由觉得，我们日本人实际上比西方人给了"放弃"以高得多的价值。关于这一点，在道德教育课上，教师应该怎样教导呢？只是单纯地说上一句"不屈不挠"很重要就可以了吗？还是应该更为积极地(?)不把"不屈不挠"作为一种道德科目呢？

• 道德性的创造 •

要掌握自律的道德性，必须有自己考虑情况、自己作出判断的能力。如前所述，道德有两个侧面，一方面它与习惯、法律等相近，必须进行大量的教导，但另一方面，应该依靠本人的自律性，而且这个侧面与个性有很深的关系，甚至可以说与智能的发育毫无关系，因为这个侧面是无法进行教导的。因而，创造活动就显得非常重要，只有依靠学生的创造性，才能达成教育的目标。

当我们以后者为目标时，就有必要尽可能提高每个学生的自由度，提供可以分别自由发表自己意见的场所。而且，不是说什么是正确的，或老师说的才是正确的，而是应该大家一起讨论，不断深化思考，这才是最理想的。

在道德教育课上，总会举出一些"道德科目"。这时重要的是，不要立即把它作为正确的东西强加给学生，而是让大家对这个道德科目进行一下思考。前面已经举出了"不屈不挠"的例子，考虑到日常生活的各种场景，我们很难说哪个

"道德科目"是绝对正确的。只有就此进行深入的思考,才是具有道德性的。作为思考的契机,列举出道德科目,或在教科书和课外读物中列举出相关的故事,这样的思考方法是很有意思的。由此开始的讨论的深化,有赖于孩子们的创造性。为此,教师不可焦急。必须耐心等待孩子想法的成熟和发展。

我遇到一位高中男生的时候,他正在为自己的倒霉而悲叹。一问,他的命运的确令人深表同情。由于意料之外的不幸降临,他本人的努力全部化为了泡影。像前面所举出的那首小学一年级的诗一样,他为"没有真正的神"感到悲叹和愤慨。我每次都是很有耐心地听他持续地讲述。这样好像是过了一年以后,他终于找到了他自己的解决方法。

他明确地说,现在他觉得神还是存在的。如果行善必有善报,行恶必有恶报,和人们所思考的是同样的规则,这样的话就没有必要创造出一个神来。应该认为,在这个世界上有很多事是人们怎么想也想不明白的,这就是因为有神的存在。当时曾悲叹自己并没有做什么坏事,却总是遭遇不幸,这只是人类浅薄的认知,在神的眼里看来,应该又是完全不一样的光景。他觉得,不应该老是哀叹自己的不幸,而是要努力去确认神究竟是按照什么规则来做这样的事。他所谈到的意见,概括起来就是如此。

他的这种关于神的存在的想法,看似并没有什么新鲜的。但是，一位哀叹自己的不幸、为世界上没有神而愤慨的高中生，在痛苦之余终于能这样想，对此我深深感动。他自己创造了自己的神的形象，并由此重新审视自己的人生，斟酌自己将来该怎样生活下去。这是非常了不起的。

在得出这样的决定之前，他虽然有过断定没有神的怒气，但难能可贵的是他并没有以怒气告终，而是直面这件事，持续进行自己的思考。因为我这么觉得，所以我才会认为刚才提到的小学一年级学生上野幸子的"就是因为没有真正的神"这句话非常精彩。上野在这样表明自己的想法之后，以后一定会心中不断承担和思考着"真的没有神吗"的疑问或对神的不在的怒气。由此产生的结论，反映出上野的个性，也许与刚才那位高中生的想法又有所不同。每个人都会发展出适合自己的道德观。教师和其他的大人只要一直守护着就足矣。

一直陪伴的这个过程中，教师也会有从学生那里学习到不曾了解的东西。在其他科目中，教师必须比学生拥有多得多的知识，并高明地教给学生，但在道德教育中，却需要具有一会儿教学生一会儿从学生那里受教的态度。教师必须清楚，当接触到真正的道德观时，和智能与年龄无关，很小的孩子也会变得有自律性和创造性。由于教师无论在什么情形下都想要教导的恶习，孩子们的创造性的道德观的萌芽往往被扼杀了。

　　本来我想讨论孩子的道德观,但现在似乎变成了在谈教师的道德观,不过这也是不可缺少的,孩子们好容易有了道德观,教师却——有时是由于过度热心于教导——把它彻底摧毁,这样的事并不是不存在,所以我才展开了这样的论述。道德观这回事不谈到自己是没有办法讨论的,在讨论孩子的事情之际,本文就当作包括了对自己作为教师接触他们的自勉而写成的吧。

2. 性的理解与教育

• 性方面的不良行为 •

在现代日本的教育上，"性"的问题是极其严重的。当然，性在任何时代也许都可以说是一个严重的问题，但现代的价值观的多样性，也波及到了性伦理上，对教师而言，怎样的想法是正确的，怎样的教法是应该的，拥有这种一定的模式是非常困难的。而且，在社会上，所谓性的自由化不断推进，孩子们处于经常被性刺激和性信息包围的状况中。在这样的状况下，实际上，正如一位初中教师所慨叹的那样，在性的方面"学生们要先进得多"，教师则被逼进了完全不知如何是好的状态。

在这种状况下，关于性，教师究竟应该教什么、怎么教，以及在关于性的伦理上应该采取怎样的立场。对于这些问题，我们不要急于寻求标准答案，而是更应该着眼于自己对于性究竟是怎么看待的，致力于加深对这方面的理解。教师每次接触不同的个案时,要自己进行思考来找出答案,这样的态度才是理想的。关于对性怎样理解,我们以具体的案例为基础来探讨一下。

在孩子们的不良行为中,有些是与性有关的。初中三年级的男生 C 君,在偷女性内衣的现场被抓住,并被通报到学校。班主任、副班主任和生活指导部长等开会讨论,认为这是"性方面的不良行为",于是把 C 君叫来,对他与异性的交往关系、对性问题的关心以及父母的夫妻关系进行了询问,但结果却不得要领,什么也没有搞清。C 君本来就低调而老实,学习态度也算得上热心,父母也是正派人,夫妻关系也不错,那么,为什么会作出这种"变态"——这是教师们的看法——的事情来呢? 真是令人百思不得其解。父母对于这件完全没有想到的事情也非常担心,于是就到专业的咨询机构来咨询。

咨询师接触这位初中生时,并没有想要"盘问"什么,而是无论孩子想要表达些什么、想要说些什么,都采取倾听的态度。这样一来,原本非常紧张的孩子也终于放松下来,开始倾诉。这孩子首先说了一句"我父母对我很理解,所以我很烦"。很多初中生就是这样突然冒出一句很难理解的话,来试探对方的反应,这个孩子也是这样,当他发现咨询师对于这样的发言仍然在倾听时,他就继续讲了下去。

这里并不是讨论咨询过程的场所,所以后面的经过就简

单概括一下,实际上这些情况是在长达三个月的咨询中谈到
的。据 C 君说,他的父母看上去很理解他,无论什么事都给
他自由,实际上 C 君却像是被看不见的线操纵着一样,最后
还是只能按照父母的意愿去做。例如,父母说可以和任何同
学交朋友并带朋友到家里来,但如果把父母不喜欢的朋友带
来,马上就会感到父母的不快。父母喜欢凭服饰作出判断,
而他认为现在的初中生,稍微违反一些校规的人,将来反而
会更有出息。就这样,C 君不断重复诉说着拥有"理解自己
的父母"是多么苦闷,对父母的态度进行了批判。

　　也许是因为与咨询师的交谈让 C 君有了勇气,有一次,C
君当着父母的面问道,为什么自己把某位朋友带到家中时他
们露出不欢迎的神情,父母是不是只凭服装来判断一个人
的。意外的是,父母这样回答道:"和那样的孩子一起玩不也
很好嘛。""作为你的朋友,这次带回来的孩子与之前的截然
不同,所以我们也许会露出疑惑的表情,但绝不是讨厌。"于
是 C 君和父母继续沟通,提到了"孩子有理解自己的父母是
多么痛苦"。对于这一点,父母也觉得很有道理,认为在这方
面的确需要反省。通过这种直率的交谈,父母与孩子之间的
距离一下子缩短了。

　　在咨询的这一过程中,C 君变得比以前更为稳健,父母
对 C 君的信赖感也增多了,"偷内衣"这件事完全烟消云散
了,至此咨询也就告一段落。那么,这里关于"性"的问题究

竟是什么呢？

●通往自立的过程●

在少年的心底里，"让人觉得时而突然作为破坏性很强的力量而出现，时而创造出新的东西的蠢蠢欲动的力量，有一种不可理解的难以控制的"冲动，这么说的话，也许谁都会联想到"性"，但不要忘记，其实这里换用"自立"这个词也完全合适。"自立"和"性"之间，有着超出预料的关联性。这一点非常重要，不可忘记。

仔细一想，这也可以说是理所当然的，只要观察一下动物就知道，动物的"自立"，就是离开父母，开始自己与异性交往，并进行保存种族的活动。也就是说，性和自立从根本上说有着无法分割的关系。

村濑孝雄曾经探讨过初中生的心灵和身体，最后思考了"大人和孩子的差别"这个问题，他的结论是，"最终把大人和孩子区分开来的，归根结底，大概还是'性'的表现形式的不同吧。不过，请把这里的'性'理解为在生物性、心理性、社会性等综合层面上的'性'的象征性体现。"（《初中生的心灵与身体》）也就是说，"性"一直作为自立的根本存在着，并且其中蕴含着极其丰富多彩的象征意义。

这样看来，我们就能理解 C 君的问题和咨询的过程了。C 君由于自己也无法控制的"自立与性"混合存在的冲动（所

以才会有自立性这个词,我常常开玩笑地这样说),稍微偏离
了"获得"自立的道路,作出了获得类似东西的行为(偷内
衣),而由于咨询他得到了自由表达的场所,说出了对父母的
不满,并以此为支点,与父母进行了对决,从而获得了与其自
身相应的自立性,这时,他就没有必要再去偷内衣了。

当遇到所谓的"性方面的不良行为"时,很多教师对于
"性"的理解未免太过狭隘,其中往往投射了自己对于性的感
情,有着立即将其断定为"下流"或"变态"的倾向。而由于教
师和父母的这种断定,有时本来并不严重的事情,也会给孩
子留下很深的伤害。顺便说一句,专家们都非常清楚,偷内
衣这种行为,除了特定的情况,一般都是预后良好的不良行
为。但家长或教师如果草率地小题大做,有时孩子反而会走
上歪路。

尽管如此,因为这个例子而把性与自立等同起来,也是
非常愚蠢的。如后所述,性与人生中的很多事情相关,拥有
多种多样的意义。深入了解这一点,教师才能针对孩子的性
问题,对不同的个案采用不同的应对方式。

刚才举出了少男的例子,那么女性的情况又是如何呢?
怎样理解性,在男女之间有很大的差异。伊里亚德[①]对非近

---

① 伊里亚德,Mircea Eliade(1907～1986),罗马尼亚宗教学家、宗教史
学家、作家。

代社会的人的成人礼进行了研究,指出女性的成人礼"分布没有男性成人礼那么广泛",而且"没有男性成人礼那么发达","女性成人礼是个人性质的","与初潮一起开始"。

"在男性成人礼的训练期,往往会让男性意识到'看不见的'实际存在者,也就是学习不明确的即不能作为直接经历赋予的、神圣的历史。"与之相对,"对于少女而言,情况正好相反,女性的成人礼蕴含着表面上自然的现象——性成熟的明显标志——的秘密仪式相关的一系列启示。"(伊里亚德著、堀一郎译《生与再生》*Rites and Symbols of Initiation:The Mysteries of Birth and Rebirth*)这里明确了男女两性的特征。

对于女性来说,性与其说是"获得"的印象,更多是通过"接受"外来者的印象来体验的。女性肯定自己会像母亲一样成长为大人的这个事实。这是极其重要的,一旦在这个问题上受挫,困难就非常大。一般来说,与男性相比,女性出现严重神经症倾向的年龄比较低,也是因为这个原因。女性必须更早直面成为大人这个问题,而且这和本人的意志完全无关,是"来临"的,这是其特征所在。

关于月经女性受到何人何种程度的提示,以何种心情迎接初潮,在女性的成长上是极其重要的。至少我是这么认为的,所以面对前来咨询的女性我经常会询问这类问题。有些可怜的女孩因为没有得到任何人的指导,以为是一种可怕的疾病而惊慌失措。还有人说,当自己向母亲报告这件事的时候,母亲用一种讨厌的目光看着自己,令她一直难以释怀。这个女孩后来就因为严重的神经症而苦恼不已。前面提到过的村濑孝雄也非常重视女性迎接初潮时的心态,举出过很多例子。其中津留宏曾经引用过这样一个例子,一位初中一年级少女说:"我鼓起勇气对妈妈说了,妈妈也红着脸安慰我说'你长大了',并为我煮红豆饭庆祝①。这天夜里,我又羞又喜,兴奋得睡不着觉。虽然我为自己长大成人而激动不已,但我没有对任何人说。"这是一个可喜的案例。

保守一个"不对任何人说"的秘密,其实与自立也有着极深的关联。上述这个例子是和母亲共享这个秘密,等到自立的程度进一步发展时,应该就会开始拥有"我自己一个人的秘密"了。从这一点来看,性与秘密的关联是非常深的。前面我们从自立的角度对性进行了探讨,接下来我们从更多面的角度来探讨一下性的意义。

• 作为连接物的性 •

性对于人类来说可以说是永远的谜。的确,不亲身经历就无从知道,甚至可以说即使经历过也还是搞不清楚。似乎有很多人把性经历当成孩子长大成人的证据,因此有时人们

---

①   日本风俗,在女孩子初潮来临时吃红豆饭表示庆祝。

会为了夸耀自己先人一步成为大人，而去追求性经历。但是，性中包含着很多意想不到的意义，甚至有时自以为已经有过"经历"的人，其实却什么也没有经历过。

性在很多情况下有着连接物或者说两者之间的存在物的意义，因此常常会使一些矛盾的说法成立。荣格①曾经说过，性从天堂到地狱都存在，的确，既有人通过性体会到了至高无上的喜悦，也有人由此走上了极其堕落的道路。

性行为使男性和女性结合，并产生新的生命，因此，换句话说，就是"由于不同的东西的整合而产生新的可能性"，这样一来它就极具建设性的理想印象。在婚礼上，就有这样的印象在起作用。但在另一方面，性也被看作极其肮脏和下流。

为了了解"初中生的真心话"，棚濑一代曾尝试进行过面谈（《初中生的真心话》），其中有这样一段对话。

——那么，对于"性"，你有怎样的印象？

——应该是很下流的吧。

——下流，是最强烈的印象吗？

——是的。非常下流……不过自己也想试试，就是

---

① 荣格，Carl Gustav Jung(1875～1961)，瑞士心理学家、精神科医生、分析心理学的创始者。

这种感觉。

　　这位初中生接下来还回答了棚濑的一些问题,他说他觉得,与爱情之类无关,"只要去做就可以了"。接下来,耐人寻味的是,当棚濑问他有没有过不带感情地把母亲作为一名女性客观看待的经历时,他回答道:"没有。这种……这种事从来没有想过。这么一想的话,就会觉得毛骨悚然。心里很不舒服……"当然个人差异是存在的,但我觉得这位初中生的回答,在相当程度上代表了现代初中生的普遍姿态。对于性,他们是想体验的,但是觉得它是下流的,他们并不想把这种下流的事情与"母亲"结合起来考虑。

　　之所以觉得性如此下流,就是因为人拥有不同于其他动物的"精神",在努力对其进行提升的时候,作为威胁到其存在、也就是可以一举击溃精神控制的东西,体验到了性的存在。实际上,性存在于心灵与身体的中间,也有着连接心灵与身体的功能。但在青年期,对于即将确立自我并逐渐离开父母的人来说,性会从根本上动摇自我的支配性,难免会给人一种不快的感觉。但是,不接受这样的性,真正的自立就不可能实现,性的悖论性就是这样双重甚至三重地作用于青年们身上。

　　如果不太关注初高中学生所体验的这种性的悖论性,只是对他们大谈特谈性对于人来说很重要、从中可以诞生新的生命这种华而不实的话,也同样无法抓住他们的心。

说到悖论,性对于青年来说既被意想为憧憬和渴望的对象,同时也是恐怖和不安的对象。此外还有羞怯的作用。由于这样的平衡,人才会不那么轻易地被自己的欲望所驱动。

感情发育不正常的时候,可能就会缺少这种在制约人的行为上必不可少的恐怖和羞耻之情。这时,重要的是不要把这样的孩子误解为早熟或大胆。有些人在初高中的时候,对于性表现得"自由奔放",但随着成长和感情的成熟,他们回过头去看自己过去的行为,往往会感到一种难以抑制的羞耻感和抑郁感。对于这样的学生,教师不应该惊讶、佩服或极力回避,而是有必要对于为什么会产生这样的状态有足够的理解。

• 性的破坏性 •

如前所述,性本身是很难简单把握的,而且还与社会的禁忌紧密相关,因而具有相当的破坏力。例如,六岁左右的孩子威胁父母,一般是不可能的,但在来客人的时候当孩子说出一些带有性意味的话时,父母那惊慌失措的样子对于孩子来说是意想不到的体验。或者也有可能发生这样的事情,一位总是严格授课的初中教师,对于学生的任何错误都绝不放过,当有一天看到学生写在黑板上的带有性意味的板书,也会满面通红,不知所措。

　　青春期的孩子内心不断地体验着难以估量的急剧变化，其中有些时候他们也会莫名其妙地任凭性的破坏性爆发。这时，大人坚定不移的态度，能够防止他们自我的崩溃。

　　一位听话的初中三年级女生，收到了一封寄件人不明的信，其中写了很多带有性意味的脏话。她吃惊地把这封信交给了母亲，母女俩一起找班主任商量。这位教师从信的笔迹，断定是前一年毕业升入高中的男生D君所为。但D君在初中时代一直接近于模范生，家庭也很正派，很难想象他会作出这样的事来。但这位教师听过我的演讲，还记得我所提到的自立与性之间的关系。于是，他觉得说不定真有这事，就叫来D君询问，出乎意料，D君爽快地承认了这是自己的所作所为。

　　D君接下来说道，去给女生道歉他也愿意，但希望老师对他母亲保密。他的母亲不仅十分严厉，如果有什么事情不称心，还会非常冷淡，几天都不对他说一句话。如果知道了这件事，不知道会怎么样。这次的事情自己也是莫名其妙地做出来的，如果母亲因此而觉得自己是个反常的人，那就无法忍受了。

　　听到这里，教师说："你的行为有可以理解之处，而且你能老实承认错误，这是非常可贵的。但是，收到这封信的女生的恐惧是无法估量的，逃避这种责任是不能容忍的行为。我接下来就要把这件事告诉你母亲，但是，我会针对这件事谈谈自己的看法,为你的立场辩护,相信事情不会发展成你所害怕的那样。而且,正好借这次的机会,有必要让你的母亲也进行一下反省。"面对教师强硬的态度,学生完全没有分辩之力,只好把教师带回了家。

教师对母亲说明了一切,母亲因为吃惊和愤怒而几乎丧失理智。但教师对"自立与性"进行了说明,指出 D 君也许是想要打破母亲过强的控制,为此不惜作出出格的事,想要进一步走上自立之路。母亲起先感到孩子"是不是在性上面有些不对劲",听了教师的说明,终于理解和接受了这种说法。后来,D 君的母子关系得到了改善,再后来,母子俩还一起来到教师这里道谢。

在这个例子中,可以说性的破坏力被教师绝不动摇的态度所阻碍,并被引向了建设性的方向。在这里,教师虽然理解了 D 君的心情,但并没有轻易地妥协,他清楚地指出了对女生心灵的伤害,并进而进行了家访与 D 君母亲沟通,这一点是非常难能可贵的。

• 性的教育 •

正如我一直所说的那样,性的教导是非常困难的。但也可以说正因为此才更有教导的必要,而且这种必要性正在不断上升。不过,在谁来教、何时教、何处教、如何教等问题上,还需要相当慎重。

性是连接心灵和身体的。因此,无论是从心灵方面还是身体方面都可以在一定程度上进行说明。但从心灵方面来讲是很难的,而关于身体这方面却能得到正确的知识,因而,说到性教育,人们往往容易把重点放在生理性、生物性知识的传授上。的确,即使在现代,由于错得离谱的性知识,或由于性知识的缺乏而引起悲剧的例子还是实际存在的,因此,关于身体方面的性,有必要给出正确的知识。但关于这种传授方法,必须考虑以下的问题。

身体其实也是拥有双重意义的,一方面是可以把人作为客观对象所看到的身体,另一方面则是自己所生存的身体。从身体的构造和功能上传授性知识,是从前者的角度来进行的,但不能忘记的是,还有另一种性,是从自己的生存这个角度来探究的。

荣格曾经对一位少女(其实是他自己的女儿)如何满足对性的好奇心,如何获得性知识进行了详细的记录和分析,在这篇论文中,他指出了这样一个事实:"孩子虽然知道得不清楚,但总是明显地表现出喜欢进行空想性的说明的倾向。"再结合前述的情况来看,这表明作为"活着的身体"这一事实,反而空想性的说明对孩子来说可以更为"恰当"地被接受。

在前面举出的初中生的面谈的例子中,他对于把母亲作为女性来看待是非常抗拒的。这一点反映了他对于把作为

"客观事实"的性知识,应用到在他的"主观世界"中占重要地位的母亲身上是非常抗拒的。这样一来,我们就会发觉,传授客观上正确的知识,并不一定总是正确的。

从前面的论述中我们也可以知道,性知识不应该单单作为关于身体的知识,还应该作为活生生的存在被孩子们的心灵所逐渐地吸收接纳,这是相当重要的。这样来思考的话,孩子们分别经过适合各自状态的"空想性说明",在痛苦经历中慢慢成长,可以说有着非常重大的意义。因此,对于刻板统一地传授知识的方法,采取慎重的态度才是理想的。

如前所述,女性的性意识是突然"来临"的,因此特别有必要拥有正确的知识,学校也必须正确传授这些知识。但这里不能忘记的是,孩子们不仅想要知道这种客观的知识,对于"生存的性"同样是想知道的。这一点由母亲来传授是最合适不过的了,如果没有母亲,则应该有人代替母亲来说。最近,有些母亲认为"在学校会学习正确的知识,自己没有必要讲",这是一种错误的想法。孩子们想要知道的,是作为一个活生生的人,应该怎么理解和接受这件事。

某初中的保健老师处,有一位男生前来咨询。他吞吞吐吐地,终于下了决心,说自己的性器官畸形。于是教师说服了这孩子,和他一起去看医生。检查下来并没有任何异常。但是,这位学生还是跑来问道:"会不会是医生为了不让我担心而故意撒谎呢?"保健老师向他保证没有问题,他才欢天喜地地走了。可是，过了两三天他又脸色苍白地跑来，说是浑身不舒服。让他休息片刻就好些了，他又难为情地追问那件事真的没有问题吗？就这样持续了两个月之后，他完全好了，不再跑来了。

这种情况是保健人员经常会碰到的。这里值得注意的是，这位中学生围绕着"性"所产生的不安，需要一位女性在他身边总是平稳而温和地告诉他"没问题"。不是埋怨他"同样一件事要来说几次"，也不是责怪他"下流"，而是作为可以给予他安心的人来应对，这是非常重要的。这里教员没有追问"还有其他烦恼吗"，或"你母亲是怎样的人"，也是值得称道的做法。初中生们还不能把自己心中的不安用语言表达出来，往往借身体的情况来表达。这时，重视这件事，并去医生那里接受身体检查固然是必要的，但之后还是要应对孩子的心灵，而且是通过身体的角度来进行。因为这时性作为存在于心灵与身体之间的东西，常常被选择为不安的对象，所以保健老师所扮演的角色是非常重要的。

·性心理的发展·

在把性当成心灵的问题看待时，从孩子到成人在一定程度上也是阶段性发展的。但是，教师和家长过于受到"大人身体上的性"的束缚，往往容易犯下仅从这个角度来看待孩子的性问题的错误。因此，对性的看法就变得保守刻板，而对于不同年龄和个性的孩子而言,性是如何被体验的,又有着怎样的意义,就很容易被忽视。

这里我们来探讨一下赫尔特林①的儿童文学作品《本爱安娜》(*Ben liebt Anna*,上田真而子译,偕成社),很遗憾的是不能在此作太详细的介绍。这本书出色地描写了十岁的少男少女的性和爱。本和安娜最终也赤裸相拥在一起,但不必从"大人的视角"出发而为此惊奇或担心,他们是在以适合这个年龄的性的存在方式,意味深长地、不受伤害地体验着。也许,让教师和学生、父母和孩子一起读这样的书并进行讨论是个不错的做法。

这本书中出现的西普曼(Seibmann)老师是一位非常棒的老师。他站在适当的距离之外,观察着本和安娜。班上的同学觉察到了本和安娜的关系,开始起哄,最后有人在黑板上写下了"本爱安娜"的字样。学生们看到这些字,都在嘲笑着本,这时老师来了,他庇护着本,等大家安静下来。老师说,黑板上还缺了一行字,然后在大家迷惑的目光下,写下了"安娜爱本",然后告诉大家:"爱是双方的事。"接下来他说:"请大家下课以后再仔细考虑一下这个问题。好了,我们开始上课了,今天的课是心算。"说完就开始上课。这里的步调实在是妙不可言。

---

① 赫尔特林,Peter Härtling(1933~),德国作家、诗人。

　　本和安娜这么相爱,却因为安娜的转学而不得不分离。大人也许会觉得,这个教师似乎是在鼓动这种爱,但马上分离却又来临了,这样行吗? 其实在自然肯定的时候,爱是以适合其年龄的形式被体验着的。

　　从发展阶段的观点来看,有些孩子有着出生后一年内的宝宝所体验的、与母亲(或母亲代理者)之间的一体感,并在母子一体的阶段有过受挫的经历,这样的孩子在迎来青年期时,就有较早拥有性经历的倾向,这一点教师应该了解。在心理上还在期待早期阶段的母子一体感,而在身体上却已经达到了成人的阶段,两者结合起来,就会变得仓促地寻求性关系。这时往往采取的方式有,选择不特定的多数的对象,或与年长的异性同居等。

　　这时,教师不要直接把它作为"性"的问题来考虑,而应该从心理的层面,理解这些学生真正想要的是什么,这是非常重要的。教师必须认识到,由于性所蕴含的意义本身就具有多样性等原因,性的教育最终是关系到人的教育和人的存在的问题。

　　在这一意义上,教师有必要扪心自问,对自己而言性究竟是什么,自己是怎么理解性的,必须就这些问题,努力找出属于自己的答案。性关系到人存在的根本,要明确把握它是不可能的,但重要的是,至少教师自己要有不回避问题执著进行探索的姿态,对于教师的付出孩子们会作出正确

的评价。现在,要提供一个任何人都通用的模式是不可能
的,因而教师的根本姿态显得更为重要,作为与这种根本姿
态相关的问题,"性"一直存在于孩子所提出的疑问的核心
位置。

3. 青春期的心理

　　青春期在人的一生中也许可以说是最为艰难的时期。处于这一时期的学生，以及初高中阶段的教师，首先必须理解青春期的意义。只有以这种理解为基础，才能更好地进行学生指导。

　　从出生到青春期，孩子们一直在成长。在婴幼儿时期也会有一些波折，而从小学入学之后到青春期之前，会持续一段比较稳定的时期。但到了青春期，情形又为之一变。初一的时候还是个听话的好孩子，到了初二就完全变了一个人，很快变成了不良团伙中的一个，这样的例子任何一个初中老师都应该遇到过。又或者，原本很喜欢说说笑笑的孩子，突然间变得沉默了。也有一些学生成绩迅速下降，或动辄顶撞教师。像这样，出现按照从前的状态来考虑的话是根本无法想象的变化，往往是青春期孩子们共同的特征。这种变化往往会让教师和家长感到非常疑惑。

　　青春期是在人的内部发生巨大变革的时期。为了清楚地说明这个问题,我曾在本篇第三章把这种情况称为毛虫变成蝴蝶的"蛹"的时期。

　　这种时期孩子们的主观感情,往往都是"有点古怪"、"总觉得心神不定"、"不能这么继续下去"的感觉,自己也无法清楚表达。有时甚至想离开所有的家人和朋友独自生活下去,也有相反的情况,有时想在妈妈面前撒娇。他们感情的波动非常剧烈,不知道该如何面对情绪不稳定的自己。

　　正如蛹被坚硬的外壳所保护着一样,青春期的孩子也需要坚实的保护。提供这种"保护"的,是家长和教师,以及背后的整个社会。当这种"保护"发挥好的作用时,青春期的孩子即使必然会经历一定程度的风暴,但仍然能够渡过这个难关。

　　这时,重要的是孩子本人应该处于对自己心中所发生的一切变化没有明确认识的状态。打个比方说,一个人鲁莽地从架在山涧上的桥上走过,眼睛只敢看着前方,当走过之后再回头看时,会因为山涧的凶险而胆战心惊。而在过桥的途中往下看的人,就会怕得不敢动弹,甚至摔落下去。青春期的这种恐惧,在长大成人之后往往会被忘记,但作为教师对学生进行指导时,有必要了解这种情况。

• 怎样得到学生的信赖 •

　　青春期的孩子一般会对家长和教师产生逆反心理。我们应该理解,因为这是孩子想要进行自立的第一次抗争。

　　但是,他们并不总是逆反的。相反,他们会对某个特定的大人寄予几乎可以说是绝对的信赖。应该说,这是因为他们的内心是非常不安定的,有着想要找到某种依赖的心理。作为教师,如果得到学生深厚的信赖,自然就容易对学生进行指导了。那么,应该如何得到学生的信赖呢?

　　首先,教师自身要对如前所述的青春期的困难有彻底的认识。青春期有一定的困难是理所当然的,青春期问题的本质是孩子身上发生了连本人也说不清楚的惊人变化。教师充分了解这一点,之后就会和学生们在这一点上相互理解。学生在这样的教师身边就会感到放心,也会获得勇气,所以会给予教师信赖。

　　教师把这一点误解为对学生的困难视而不见,也是常有的问题。虽说稍许的困难是理所当然的,但视而不见和置之不理或轻易容许之间还是存在差异的。错误就是错误,对此教师还是要有严厉的态度。刚才说过,青春期的孩子需要"保护",因此教师在对待学生犯错的问题时,表现出这种毫不动摇的严厉姿态,其实也是对他们的一种"保护"。

　　当青春期的孩子内心深处蠢蠢欲动的东西爆发出来,就不会轻易停下,而是一路狂奔地发展下去,连自己也没有办法。那些在校内暴力中狂暴的孩子,在大人强制性的制止下,一面拼死反抗,一面却露出放下心来的表情,就是因为这个原因。一方面,既然开始做了,就想不顾一切地做下去,而另一方面又希望有人能赶快制止自己，正是处在这两种矛盾的感情中孩子才会变得狂暴起来。

根据生物学知识，某个个体要作为个体成长，往往需要适当的抑制剂（inhibitor）。现在已经发现，人类的卵子在受精发育为胎儿之际，不仅细胞反复进行分裂，而且还需要适当的抑制因素使其分化为手、脚及头等身体各部位。如果没有抑制因素，就不会出现分化，也就是真正的生长发育。

在青春期，孩子内部涌现出的力量是相当强大的。但如果它不断地反复爆发出来，就只会是力量的浪费，只有遇到强有力的抑制者，才会产生分化从而成长。也就是说，孩子会发觉自己内部的行动中混杂着很多因素，感情会变得丰富起来。为了真正的成长，分化和整合的过程不可或缺。在促使这种分化产生上，强有力的抑制者的存在是很有必要的。

不知道这一点的人，有时会被尊重孩子的自由、理解孩子的心灵这样的花言巧语所蒙蔽，对孩子放任自流，随便他们做什么都可以。这实际上并不是真正理解孩子的心灵，而只是为自己逃避作为教育者的职责而找出的借口。

关于教师作为"屏障"而存在的重要性，前文已作论述，不妨参照一下。

• 学校整体的姿态 •

读完上述这些内容可以发现个人的力量虽然也很重要，

但如果这种想法没有在整个学校通行，并形成可靠的态势，是很难顺利进行的。孩子们在这一点上的感觉非常敏锐，越是难以对付的学生，越是会采取使教师之间关系变坏的行为。例如对 A 老师说："你说的我都能接受，但 B 老师太严厉了，这样可不行。"然后又对 B 老师说："你严厉的批评我很愿意接受，但 A 老师对学生太宽松了。"由于巧妙地使用了这些教师爱听的话，教师也很容易上当，结果 A 和 B 就分别把对方看作不合格的老师，关系从而恶化。

把校长、班主任、心理老师、教导主任等很多人都卷进来，让他们之间的关系变得复杂起来，这样的学生实际上显示了其问题的严重性。青春期的孩子很难把自己心中所发生的一切变化用语言来表达。因此，他们只能引发与自己内心的问题相应的外部事件。这是一种无意识中进行的交流。

当一位学生引起教师之间互相反感时，在互相埋怨之前，每位教师都应该再次思考一下这个学生的问题有多大，他要度过青春期是多么不容易。一旦从内心理解了这一点，就会理解学生所作出的事情，也会明白教师之间的争执是没有意义的。

架在山涧上的独木桥，对于轻松跨过的人来说，并没有什么难的。但对于途中就发现山谷深度的人来说，就会感到惊恐万分。不理解这一点，就会觉得自己在初中的时候并没有什么大问题，大部分初中生也都很正常，从而把青春期的问题看得太简单。

　　我希望读者朋友们理解,至今我所写下的这些,所主张的与对初高中的学生"加强管理"完全不是一码事。前面说过,教师必须是不可动摇的屏障,但这个屏障必须充分了解孩子们内心的风暴,必须具备感受到这些的敏锐感性和热情。这是非常困难的,但考虑到青春期的难度,可以说教师也必须付出相应的努力。

后　记

　　孩子的问题和学校的问题经常引起人们的讨论。孩子们作为无法想象的残酷事件的受害者,有时甚至也会变成加害者出现。在与这些事件的关联上,学校教育的现状成了议论的焦点。对于教育,在一定程度上谁都可以指手画脚,因此在整个日本,可以说遍地都是围绕着学校的议论。

　　很多教育的议论是从"大处高处"着眼的,而本书所谈的正相反,可以说是从"小处低处"出发的论点。这是因为我从事的是心理疗法这个工作,必然会是这样。心理疗法基本上是以个人为对象全力以赴的工作。比起怎样改变学校制度、教育的本质是什么等问题,我们日日夜夜努力解决的,是怎样帮助一个吸毒的中学生,或一个从孩子所施加的暴力中逃出来的母亲。

　　不依赖任何事、不拘泥于小处,从大处高处着眼考虑问题是很重要的。但是,有时也应该从小处低处来考虑一下。尤其是因为孩子本来就"小",那些从大处高处议论的人,有时甚至会让人觉得根本就迷失了作为关键的孩子的影子。这种说法有些玩笑色彩,不必当真,我想说的是,在思考教育时,如果不总是对孩子保持一种相当细致的关照的话,即使是出于善意,往往也会在不知不觉中践踏孩子们的心灵。

与此相反,可以说我们心理疗法专家总是在进行着追求人们个人幸福的工作,需要把目光放得远一些,关注社会和制度的存在状况等。因此,我在这里以临床经验为基础,对教育的整体情况提出了一些看法。如果这些观点能对今后教育问题的思考作出一点贡献,我将感到非常荣幸。

本篇的第一章和第三章第四节是新写的,其他章节都是已经发表过的,发表情况如下:

第二章第一节 《概论:教育的意义》(《临床心理学体系》第十四卷,金子书房,1990 年)

第二节 《现在的教育是什么》(《转换期中的人》别册,岩波书店,1990 年)

第三节 《从心理学的立场出发》(《思考今后的幼儿教育》村山贞雄主编,明治图书,1984 年)

第三章第一节 《幼儿的成长与教师的作用》(《幼儿园时报》第十八卷第 10 号,全国国立及公立幼儿园园长会事务局"时报部",1991 年)

第二节　《日本文化中的师生关系》(《授课》第一卷,岩波书店,1990 年)

第三节　《体育与哨子》(《授课》第七卷,1991 年)

第四章第一节　《孩子的伦理与道德性》(《教育的方法》第九卷,岩波书店,1987 年)

第二节　《性的理解与教育》(《教育的方法》第八卷,1987 年)

第三节　《青少年的心理与学生指导》(《教育委员会月报》第四十卷第 9 号,文部省,1988 年)

这些文章经过修订和增加,汇集成这本小册子。我尽量避免了重复,使这本书更有条理一些,但也许还有不完善之处,希望读者宽容对待。第一章所谈到的父性原理和母性原理,在其他地方也已经谈过,作为与全书整体有关的内容,特意进行了说明。

我就职于京都大学教育学部已有大约二十年了。今年 3 月我将退休离职。我的专业是心理学,但往往会牵涉到教育的实际问题,这也与我最后设立了"临床教育学"这门新讲座有一定的关系。从这一点上说,在我退休之际能够看到这本书出版,我也感到非常欣慰。一直以来,我从京都大学教育学部的各位前辈和同事那里学到了很多,他们也对我向新的方向发展表示了理解和支持,在此我想表示诚挚的谢意。我认为,临床心理学和教育学互相协作,开创出

"临床教育学"这个新领域,在思考日本的现状时,是非常有意义的。

本书的编写得到了有力推进这项计划的岩波书店编辑部柿沼正子和悉心完成全书编辑工作的坂本纯子的大力帮助。在此也表示衷心的感谢。此外,我还要对允许我转载的各家出版社说声谢谢。

河合隼雄

图书在版编目(CIP)数据

孩子与学校/(日)河合隼雄著;王俊译.—上海:
东方出版中心,2014.8(2020.4重印)
ISBN 978-7-5473-0673-4

Ⅰ.①孩… Ⅱ.①河… ②王… Ⅲ.①儿童教育-案
例 Ⅳ.①G61

中国版本图书馆 CIP 数据核字(2014)第 087673 号

KODOMO NO UTYUU
by Hayao Kawai
© 1987 by Kayoko Kawai
KODOMO NO GAKKOU
by Hayao Kawai
© 1992 by Kayoko Kawai
Originally published in Japanese by Iwanami Shoten,
Publishers,Tokyo,1987,1992.
This simplified Chinese Language edition published in 2010
by the Orient Publishing Centre,Shanghai
by arrangement with the proprietor c/o Iwanami Shoten,
Publishers,Tokyo

图字:09-2009-87

孩子与学校

出版发行	东方出版中心	
地　　址	上海市仙霞路 345 号	
电　　话	62417400	
邮政编码	200336	
经　　销	全国新华书店	
印　　刷	上海盛通时代印刷有限公司	
开　　本	787×1092 毫米　1/32	
字　　数	100 千字	
印　　张	5.75	
版　　次	2014 年 8 月第 1 版　2020 年 4 月第 8 次印刷	
	ISBN 978-7-5473-0673-4	
定　　价	30.00 元	